困ったやってしまったがなくなる

発達障害ママの子育てハック

綾瀬ゆうこ 著
森しほ 監修

飛鳥新社

「子育ての困りごとが
多いのは私だけ？」
そう思ったことは
ありませんか？

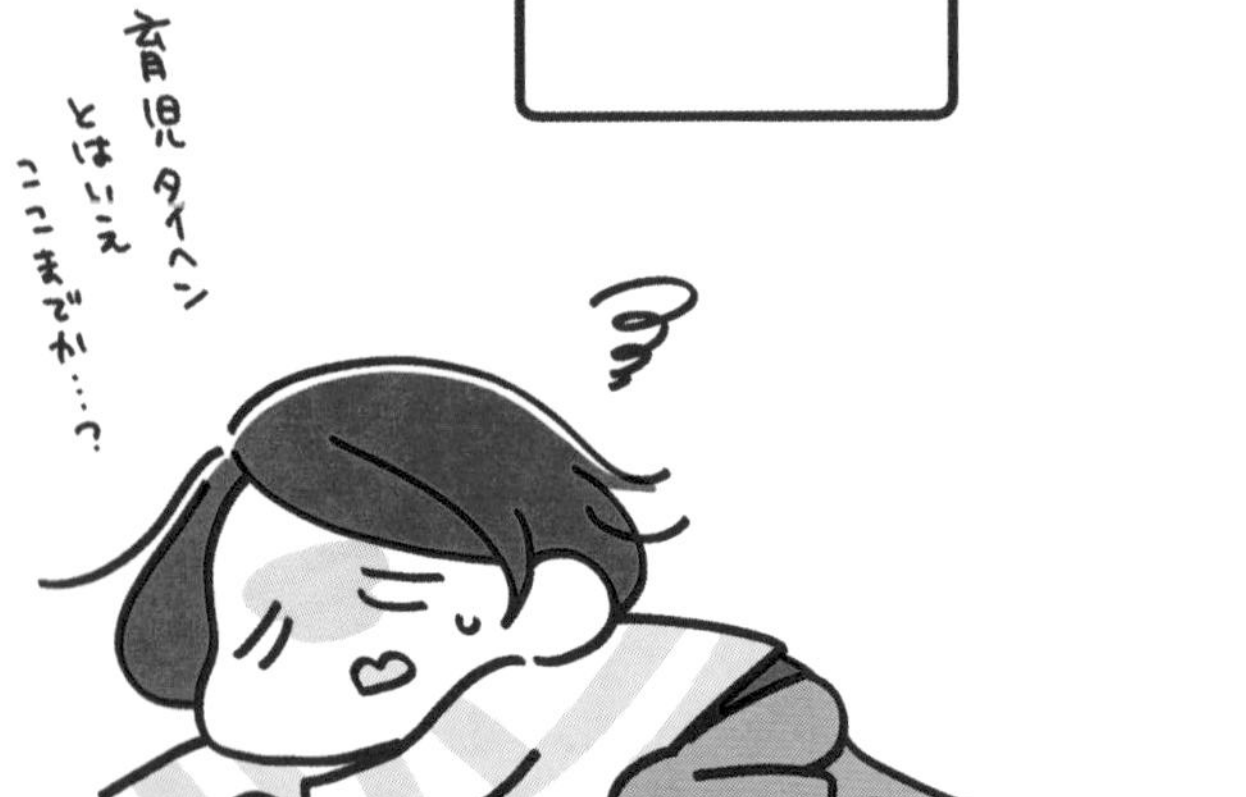

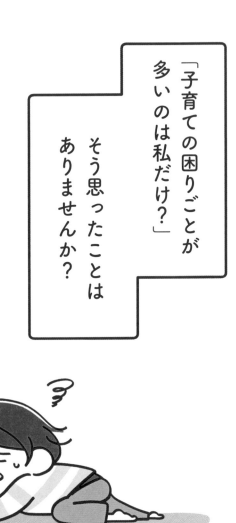

「子どもに忘れ物をさせてしまう」「日付を間違えて習い事をドタキャン」「ママ友に余計な一言を言ってしまう……」
もしかしたらそれはあなたのがんばりが足りないのではなく
「発達障害」のせいかもしれません

この本は当事者の私が
専門家の先生にいただいた
アドバイスをもとに
試行錯誤を続けて
1ヵ月
1週間
毎日を暮らしやすく
する工夫とアイデア
をまとめました

工夫次第で
日々の暮らしの困りごとは
減らせます！
あなたの毎日が
少しでも
ラクになりますように
一緒に
がんばりましょう！

はじめに

私は発達障害の特性をもち、2人の子どもを育てるシングルマザーです。かわいい子どもたちとの生活は楽しいけれど、タスクが多すぎてあたふたしています。

「子どもはかわいいけど、なんでこんなにプリントばっかりもって帰ってくるの!!」

「保育園のもち物が多すぎて、毎日忘れ物祭りなんですけど！」

片付けや整理整頓、手紙の発送や電話が苦手だった私にとって子育てはまさに試練です。とはいえ、子どもたちに肩身の狭い思いや不自由な生活をさせたくないので、自分なりに発達障害との付き合い方を模索してきました。

自分で思いつく対処法には限界があるので、発達障害の当事者向けの育児や家事のノウハウについて、インターネットや書籍でリサーチします。ところが発達障害のママ向けの書籍や情報はごくわずか。

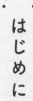

「ママ向けの情報がわかりやすくまとまっていたらいいのにな」
「精神論ではない解決方法を知りたいんだけどな」

こうやって悩んでいました。そんなときに思いついたのが「ママ向けの発達障害のライフハック本を書くこと」です。本を書きたいと思ってからは、もっと実践的で、誰でもすぐに実行できる対処法を考えるようになりました。といっても、私が見つけた対処法だけでは、たくさんの悩めるママたちの助けにはなりません。対策を見つけられなかったことは、女性の発達障害に詳しい産業医の森先生の力を借りて対処法のヒントをもらい、試行錯誤をくり返しました。そうやって完成したのが本書です。

発達障害の困りごとは人それぞれで、私の困りごとがすべての人に当てはまるわけでも、解決方法が万能なわけでもありません。だからこの本は「自分に合う方法を見つけるためのマニュアル」のような使い方をしていただければと思います。

精神論ではなく誰でも発達障害をハックできるノウハウをピックアップしてありますので、ぜひ気軽な気持ちで読み進めてくださいね。

contents

Chapter 1

あなたの困りごとは発達障害のせいかもしれません

Chapter 2

ちょっとした工夫がカギ！今すぐラクになるQ&A

part 02 ママ友、PTAって大変！ 子ども関連の悩みと解決法

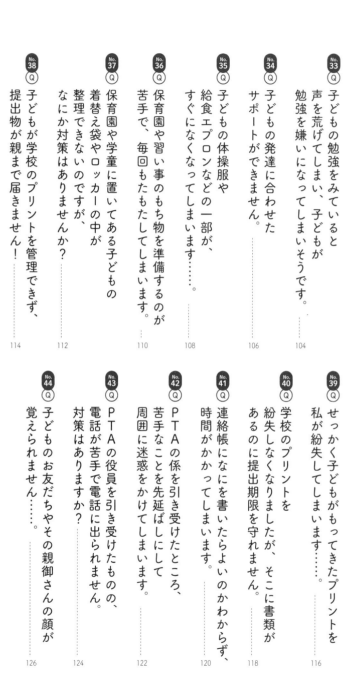

part 03 人間関係もタスク管理もつらい！ 仕事に関する悩みと解決法

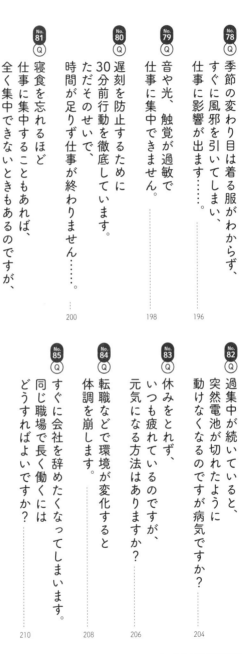

Chapter 3

発達障害の人とかかわる人が知っておきたいこと

ブックデザイン　別府　拓（Q.design）
イラスト　いしかわひろこ
編集協力　金指　歩
校正　矢島規男

Chapter 1

あなたの困りごとは
発達障害の
せいかもしれません

もしかして私って発達障害？ こんなことが苦手なんです！

皆さんは発達障害と聞くと、どんな印象をおもちですか？

「目線が合わない」「落ち着きがなく、うろうろしている」など見た目から判断できるものだと思う方もいますが、実は**大人の発達障害は隠れていることが多い**ものです。とくに**女性は社会に適応する能力が高いと言われており、自分でも気づかないケースが多い**ようです。

私がまさに、そうでした。

昔から「私ってほかの人よりも苦手なことが多いかも？」と思いつつ、働き、子どもを育ててきました。

「忘れっぽい」「おっちょこちょい」「思ったことをすぐに口に出してしまう」。そんな自己分析はできていたものの、それが発達障害だとは思っていなかったのです。でも、今挙げた特性がある人は、実は発達障害やグレーゾーンの場合もあります。

まずは、「親の発達障害」がどのようなものかイメージをもっていただくためにも、私の苦手なことを残念なエピソードとともにご紹介します。

○子どもは「忘れ物クイーン」

私の弱点にはまず、「忘れやすい」というのがあります。そのことが、母親としての役割を果たす上で、対策をしないとまずいレベルと感じるようになりました。

私には2人の子どもがいます。長女が小学校に入学すると、さまざまなプリントを学校に提出する機会が増えました。

「締め切りの日までになんとしてでも出さなければ！」と思いつつ、目の前のことに追われるとついついあと回しにして忘れてしまいます。覚えていても「明後日《あさって》までにやるぞ！」と決めたのに、なかなか行動に移せなかったりもします。

何度もそんなことをくり返していると、学校側は「子どもが忘れっぽい」と誤解してしまいます。私のせいなのに、子どもが「忘れ物クイーン」になってしまいました。

◦ママ、明日の靴下がない

忘れっぽいだけではなく、ためこむクセもあります。皆さんは洗濯物をどのタイミングで洗いますか？

私は限界までためてしまいます。その結果、子どもたちの明日着る服すらなくなってしまうなんてことも……。

さらに整理整頓ができないから、すべての靴下が「かたっぽちゃん」になってしまいがちです。

◦そんなつもりじゃないのに……。ママ友と微妙な雰囲気に

子どもがいると「〇〇くんママ」「●●ちゃんママ」とママ友との輪が広がると思います。子ども以外に共通点が少ない友だちは距離感が難しいものです。

私は思ったことをついつい口に出してしまいます。他人に話すべきではないプライベートな話をママ友に話してしまい、ドン引きされることがあります。「言わなきゃよかった」「言いすぎた……」と後悔することもしばしば。

一緒にお出かけをした夜や翌日の「ありがとうメッセージ」を送ることをうっかり忘れて、「無礼な人」と思われてしまうことも……。

親子で超偏食！外食は3パターンのみ

小学生の頃、給食を完食できずに残って食べている生徒を見たことがあるかと思います。

私もそのひとりで、給食を完食できず昼休みも掃除の時間もひとりで嫌いなメニューと格闘していました。

わが家の長女も私も発達障害の特性からか、好き嫌いがとても多いんです。2人して「火が入った葉物の野菜」や「ぐにゅっとした感触のフルーツ」「少しでも辛みを感じる味つけ」など、苦手なもののオンパレード。

家族で外食するときは、ラーメン、お寿司、ハンバーグの3択のみ！ ママ友グループとお出かけをするときは申し訳ない気持ちでいっぱいです。

後先考えずに&うっかり定期購入した食材で冷蔵庫がパンク

夜中の通販番組を見ると、なぜか買いたくなるなんてことはありませんか？

もちろん、在宅ワークが増えておうち時間を大切にするようになった方もいらっしゃると思います。

私は「よさそう！」と思ったら深く考えずに買ってしまうタイプです。食材の在庫管理でもよく失敗してしまいます。「牛乳が毎日届くってすてきかも！」と思い、牛乳の定期購入を契約。しかし、「玄関の外に牛乳を取りに行くこと」と「牛乳の瓶《びん》を洗うこと」が面倒になって、あっという間に冷蔵庫が大量の牛乳でパンパンに。

ほかにも「卵は毎日食べるから大丈夫」と定期購入の注文を出したところ、うっかり必要量の2倍の卵を発注してしまい、毎週6パックの卵が届くように……。ひどいときは12パックの卵が冷蔵庫に入っていました。

ここまでなら「あるある」だと思うのですが、事務手続きの苦手さによって不要な牛乳や卵が延々と届き続けるところが、私の困りごとです。電話を一本かけるだけ、書類を1枚書くだけで、牛乳や卵の注文を止められるのに、面倒くささから先延ばしにしてしまうのです。

◦スケジュールの転記ミスで習い事をドタキャン！ 先生ごめんなさい！

私は紙の手帳でスケジュールを管理しています。ところが「確定したスケジュール

を手帳に書くとき」に頭の中で誤った日程に書き換わる事故が発生しちゃうんです。たとえば「11月1日午後5時〜」を「11月7日午後3時〜」と勘違いして書いてしまいます。

このうっかりミスは仕事だけでなく、子どもの習い事にも影響を与えてしまいます。「すみません、今日はレッスンのはずなのですがどうされましたか？」と先生から電話がかかってきたときの申し訳なさといったら……。

「もしかして発達障害かも？」と思ったら

いかがでしょうか。本書を手に取ってくださった読者の皆さんなら、ここまで読んで、「あるある」と頷《うなず》いたり、「私も同じだ」と思われたりした方もいらっしゃるのではないでしょうか。

「そこまではひどくない」という方もいらっしゃるかもしれませんね。でも、発達障害の困りごとには程度の差も大きいですし、人それぞれなので、当てはまらなかった人もどうかもう少し読み進めてみてください（2章では、もっとたくさんの具体例を出して対処法もお伝えします）。

では次に、発達障害のうち、どの特性に当てはまるのかをチェックしてみましょう。

発達障害にはさまざまな種類があるのですが、その中から主要な2つの特性（AD

HDとASD）をピックアップしました。「どんなことが苦手なのか」によって、このどちらの特性に近いのか、ある程度目星をつけることができます（ちなみに私はADHDの事例の9割に当てはまります！）。

○うっかり・ぼんやり・そわそわさん（ADHD）かも？

・子どもの頃、「忘れ物が多い」「落ち着きがない」と先生に注意されることが多かった
・流れ作業やシンプルな作業が苦手
・じっとしていることが苦手で、授業参観ではすぐにそわそわしてしまう
・子ども関連の大切な書類の存在をうっかり忘れてしまう
・ママ友につい言いすぎてしまい、「あんなこと言うんじゃなかった……」と後悔する
・「いいかも！」と思うとすぐに買い物をしてしまう
・人の会話に割り込んで主役泥棒になってしまう
・集中できずに、いろいろな家事がやりっぱなしになる

・学校や役所関係の面倒な手続きを先延ばしにしてしまい、期限を守れない
・PTA総会や保護者会で聞いた話が頭に入らない
・母子手帳や健康保険証など重要なものを頻繁になくしてしまう
・気になることはすぐに検索してしまう

これらに当てはまる場合は「ADHD（注意欠如・多動性障害）」に近いかもしれません。

ADHDは落ち着きがなかったり、衝動的に行動してしまったりと、多動性や衝動性、不注意な言動などが特徴です。

ひとつの物事に集中し続けることも、あまり得意ではありません。

また「不注意の傾向が強い人」と「多動・衝動性が強い人」に分類できます。

不注意の傾向が強い人は、忘れ物やミスが多いなどの特徴があります。**多動・衝動性が強い人は思いついたら即行動する**ことが多く、人の会話に割り込んだり、ひとりで話しすぎたりすることもあります。

一方、初めて会う人でも人見知りをせずに話ができるので、友だちを作りやすいと言えるでしょう。また好きなことには驚くような集中力を発揮します。好奇心旺盛なので、新しいことにどんどんチャレンジできるアグレッシブさももち合わせている方も多い傾向です。

私は多動・衝動性が強いタイプで、突然旅行に出かけたり、大きな買い物をしたりしがちです。ついつい自分の話ばかりをしてしまって、独演会状態になっていることも……。

●空気を読むのが苦手なこだわりさん（ASD）かも？

・毎日、朝ごはんに必ずこれを食べると決めていて、食べなければ気がすまないものがある
・ママ友とのグループ行動が苦手
・「空気が読めない」と言われることがある
・子どもが落ち込んでいても察してあげることができない
・仕事で「適当に」「多めに」「少しだけ」と言われると頭に「？？？」が浮かぶ
・社交辞令を真《ま》に受けて、恥ずかしい思いをすることがある
・ルール通りに行動したがる
・洋服のタグや特定の材質、しめつけ感ががまんできない
・ドライヤーや掃除機、人混みの音など、特定の音が耐えられない

これらに当てはまる場合は「ASD（自閉スペクトラム症）」に近いかもしれません。

ASDは自分ならではのこだわりが強く、人とのコミュニケーションがあまり得意でない、場の空気を読めないといった特徴があります。

一方でコツコツとした作業が得意だったり、特定のことについては飛び抜けた知識をもっていたりといった得意なことがあることも！

わが家の長女もこの傾向があります。学校で勉強したことはあまり覚えていないのに、好きなアニメの台詞《せりふ》は一言一句覚えられるという特技をもっています。いつか勉強にもその記憶力を発揮してほしいものです。

特性を知ればハックもできる！

「ADHD」と「ASD」という2つの特性をご紹介しました。ほかにもLD（学習障害）など、これらとは異なる発達障害もありますし、複数の特性が組み合わさっているケースもあります。もう少し詳しく自分を理解したい人やほかの特性も知りたい人はネットで調べてみたり、本を読んでみたりしてくださいね。

発達障害の特性とは、これからも長く付き合っていかないといけないかもしれません。しかし工夫次第で、日々の暮らしの困りごとは減らせます！

私も困りごと・悩みごとがたくさんありますが、少し工夫するだけでこんなにラクになるんだと驚いています。

皆さんも本書で紹介する解決法を試しやすいものから、実践してみてください。

column

お酒やタバコがやめられない！

・・・

発達障害の方は、お酒やタバコなどに依存しやすいと言われています。実は私も妊娠するまで、お酒とタバコが大好きで、それがストレス発散にもなっていました。

「仕事終わりの一服」や「嫌なことがあったときのお酒」がいきがいでした。毎日のように二日酔いで、頭はぼんやり。健康診断でも肝臓関係の結果が「要検査」で、1フロア分の階段を登るだけで、息が切れる始末でした。

ところが、妊娠を機にお酒を止め、授乳が終わってからも体調が悪くなるまで飲むようなことはなくなりました。それは「お酒を飲まなかった翌日の体調のよさに感動した」からです。お酒を飲んでストレスを発散するよりも、お酒を飲まずに生活をするほうがトータルのストレスが少ないことに気づけたのです。ただ、タバコは吸いたくてたまらなくなることが多いのですが、一度吸ったら二度と禁煙はできないとわかっているのでなんとか我慢しています。

とはいえ、お酒もタバコも依存を断ち切れない方も多いと聞きます。自分だけでは難しいと思う方は医療機関に相談してみましょう。アルコールや禁煙治療は健康保険が適用されることが多く、費用負担もわずかですみますよ。

Chapter

2

ちょっとした工夫がカギ！

今すぐラクになるQ&A

○…悩みごとを手放そう

第2章では、発達障害やグレーゾーンのママの悩みごとを解決！　よくある悩みとその解決法を説明します。

全部に目を通さなくてもかまいません。気になるところから読んでみてくださいね！

Chapter2
part
01

日常生活がしんどい！

家事に関する悩みと解決法

なんでこんなことに
くつ下片っぽどこー
ぐちゃあ……

No. 01

Q

日用品や食料品などの在庫管理ができないのですが、どうすればよいですか？

A

在庫を「見える化」しましょう！

在庫管理、とっても難しいですよね。在庫管理が苦手な人は「在庫の管理そのものが苦手な場合」と「在庫管理はできるものの、買い物が面倒で先延ばしにしてしまう場合」に大きく分けられるそうです。

在庫管理を克服するためには「自分がどうして在庫を切らしてしまうのか」を考えてみることからスタートしましょう！

もし在庫の数を把握できないなら、それぞれのストッカーの奥に「ティッシュペーパーを今すぐ買う！」などと書いたふせんやメモを貼りつけておきます。そして、そのふせんやメモが見えたら、それを手に取って買い物へGO。買い忘れや買いすぎがなくなりますよ。

また、先延ばしグセによって買い物がなかなかできない場合は、ネットスーパーやECサイトの「定期便」を活用しましょう！　必要なものが一定のサイクルで届くようにするのがおすすめです。

ちなみに、私がこれまでで一番ピンチだったのは、子どものおむつとトイレットペーパーの在庫切れです。トイレットペーパーは「今から買ってくるから、帰ってくるまでトイレに行かないでね！」と子どもたちに厳命してコンビニに走りました。もう二度とあんな思いはしたくありません。

No. 02

Q

爪切りやハサミ、カッターなどを使ったあと、元の場所に片付けられません……。

A

自分の「動線」を意識して、よく通る場所に置き場を作りましょう！

爪切りやハサミなど日常生活で使う道具類、よくなくしませんか？　なくすたびに買い足した結果、わが家には爪切りが5本、体温計が5本、毛抜きが4本、カッターが4本あります。一体何人家族なんでしょうか（3人家族です）。

こうした**よく使う道具類は、自分がよく通りかかる場所に「定位置」を作るのがおすすめです**。もしテレビを見ながら爪を切るのであれば、テレビの前に爪切り入れを作ります。荷物が届いたときにカッターを使うのなら、玄関にカッター置き場を作っておきましょう。

このほかにもハサミやカッター、ボールペンはサイドボードの引き出しの中、耳かきは薬箱の中など、道具の種類別に分類しておくと、整理整頓しやすいと思います。それでもなくしてしまうなら「道具にひもをつけて、収納場所にくくりつけておく」のもおすすめです！　どこにももち運べないようにしておけば、なくなることはありません。

道具類を放置しにくい環境に整えれば、今日から家が少し片付くかもしれません！

No. 03

Q

大切な書類や印鑑などをよく紛失してしまいます。どのように収納すればよいですか？

A

シンプルな収納方法から、自分に合ったやり方を見つけましょう！

大切な書類や印鑑。「絶対になくさないようにしよう！」と思えば思うほど、どこかに消えてなくなってしまう気がします……。

大切なものの収納方法は、いくつか挙げられます。どれもシンプルな収納方法なので、自分に合ったものを取り入れてみてください。

・収納した場所と中身をスマートフォン（スマホ）で撮影。画像フォルダを見れば収納場所がわかる
・大切なものを入れる箱を決めて、すべてその中に入れる
・仏壇や神棚にしまう
・信頼できる人に預けて、自分では管理しない

また、たびたびもち出す書類や印鑑は、首に下げられるポーチに入れたり、ＧＰＳでの追跡や音での呼び出しができるＩＣタグなどをつけたりすると、もち出し先でなくすことも防止できますよ。

あなたが一番「これならできそう」と思う方法に取り組んでみてください！

No.
04

Q

いつも部屋にものが散乱していて、
片付く気配がありません……。

A

床に落ちているものを入れる「なんでも箱」を
作りましょう！

私はとにかく片付けるのが苦手です。がんばって部屋をきれいにしても、学校から帰ってきた子どもたちがあっという間におもちゃを広げるので、諦めの境地でした。

そこで取り入れたのが**「なんでも箱」**です。これは、**なんでも入れていい箱**。大きめの段ボールで作るとよいでしょう。**細かいルールを決めると面倒くさくなるので、あえてなにも考えずにすべての散らかりものをその箱に入れます**。すると部屋がスッキリ！「なんでも箱」がいっぱいになったら、ガムテープで止めて、封印した日付を書いておきます。

そして半年ほど経過したら、箱の中身を確認し、不要なものは捨てます。もし必要なものが入っていたら、今使っている「なんでも箱」に移しておきましょう。

「なんでも箱」の隠れたメリットは、ものを探す時間を削減できること！もしなにかがなくなったら「なんでも箱」を探せばよいのです。探しものが見つかるようになりますよ。

片付けが苦手な子どもにも「落ちているものは『なんでも箱』に入れてね」と伝えておけば、子どももまずは「なんでも箱」の中を探すようになるので、「ママ〜、あれどこ？」と聞かれる頻度が減ります。

No.
05

Q

ゴミ収集の曜日に合わせてゴミが出せず、ゴミが溜まってしまいます……。

A

スマホのスケジューラーにゴミの日を登録しましょう！

「ゴミの日が覚えられない！」そんな人は私の同志です。わが家は段ボールを捨てられず、使わない部屋が段ボールでいっぱいになるという悲劇がくり返されていました。
そこで使いたいのが、スマホのスケジューラー（スケジュール機能）です。スケジューラーに「定期的な予定」としてゴミの日を登録しておけば、自動的に前日や当日に通知してくれます。その通知がきたら、ゴミをまとめて玄関の土間に置いておきましょう。

もしゴミの日をスケジューラーに入力するのが大変なら、自治体の公式ホームページをチェックしてみてください。東京都では iPhone のカレンダーアプリに、自分の地域のゴミ収集スケジュールを自動的に入力してくれます。

しかしスケジュールの設定だけでは、通知を消してスルーしがち！　必ず**「前日に」ゴミの支度をしましょう。「明日の自分を信じない」がキーワードです。**

「スマホの通知がくる↓気になる漫画 or ゲームを見つける↓没頭する」といった寄り道をしてしまう人は、あえて「玄関のドアにゴミの曜日を書いておく」などアナログな方法を試してみましょう。またゴミ捨ては子どもや家族の仕事にしてもよいですね。

No. 06

Q

食洗機や洗濯乾燥機の限界量まで洗い物をため込んでしまい、それが気になって仕事が捗《はかど》りません……。

A

やるべき仕事を書き出して、視覚から集中できるような状況にしましょう！

リモートワークが普及して、家で仕事をするママも増えたと思います。そこで気になるのが、終わっていない家事です。まず言いたいのは、**家事をためてしまうのは「ズボラ」ではなく「効率的なやり方」**ということです。食洗機だって、まとめて洗えば効率がよいし、光熱費も節約できます。誇りに思いましょう！

とはいえ、仕事には集中すべきです。そこで、仕事に関する内容で頭を満たしてみましょう。あなたが抱えているタスクを細かく書き出してみてください。

- ○○さんにメールを返信する
- 会議の前に資料を読み込む
- 経理に回す先週分の領収書のデータをパソコンに保存する

書き出してみると、やるべき仕事が意外と多いかも。そう視覚的に理解できれば、仕事に集中できるはずです。

それでも頭の中を家事が占拠するのであれば、仕事が落ち着いたタイミングですぐにできる家事を片付けてしまってください。

Q

片付けが苦手なのに「床になにも落ちていない
きれいな家に住みたい」と考えてしまい、毎日
自己嫌悪です……。

A

今の状態と一番散らかっている状態を見比べて、
自分を許しましょう！

発達障害の傾向があると「ゼロか１００か」の極端な思考をしがちだと言われています。私は「いつも家が片付いているきれい好きのママ」という理想があるので、今目の前に広がる散らかっている状態を見ると、「こんなママは必要とされていないんじゃないか……」なんて、つい自己嫌悪に陥《おちい》ってしまうんです。

そんなときは、部屋がひどく散らかっている状態をスマホで撮影しておきます。そして、落ち込みそうになったら、その散らかった画像を見るんです。すると「このときよりはマシだよね」と思えるようになります。そうやって**「ゼロか１００か」ではなく、中途半端な状態を許せるようになると、気持ちがラクになる**でしょう。

もし経済的に余裕があれば、家事代行をお願いするのも手段のひとつです。彼らはプロなので、３時間もあれば水回りやリビングなどをピカピカにしてくれます。日々家事や育児に奮闘している自分に、たまにはごほうびをあげてもいいかもしれません。

No. 08

Q

電話や訪問が苦手で、
町内会の仕事をうまく進められません。

A

担当エリアの家に「仕事の関係で日中の電話が難しいため、メールでのやりとりをお願いします」と書いた手紙を投函してみては？

町内会の仕事は今でもアナログな作業が多く、電話や訪問が必要なこともあるかと思います。私は電話や知らない人の家への訪問が苦手なのに、町内会の会計係になってしまったことがあります。そのとき、うまく会費を集められなくて担当エリアの会費、総額10万円をすべて支払いました……。

そんなときは、電話や訪問といった**苦手な連絡手段を徹底的に避ける方法を考えてみましょう**。たとえば担当する地域のご家庭に「仕事の関係で日中の電話が難しいため、メールでのやりとりをお願いします」と書いた手紙を投函して、理解を得てはどうでしょうか。

最近はメールやＬＩＮＥなどの連絡手段に慣れている人も多いので、手段を変更してくれることもあるでしょう。もし町内会で話しやすい人がいるなら、相談してみるのも手です。連絡手段くらいは好きなものを選べるよう、ぜひ工夫してみてください！

No.
09

Q

コンビニ払いや郵便局、銀行での窓口払いなどをあと回しにしてしまいます。

A

「借金を抱えている！」と思いましょう。

生活する中で発生するさまざまな支払い。コンビニや郵便局などに行かないと払えないものは、ついあと回しにしてしまいます……。

支払い関係は、できるだけ自動的に引き落とされる方法にしておくのがベスト！

それでも店頭などで支払いが必要なものは残ってしまうと思います。

そんなときは「支払いは借金と同じ！　早く払わなきゃ」と考えてみてください。

支払いが苦手な人は、心の底では「お金が減るのがなんとなく嫌」と思っていることも。だからこそ**「借金を抱えている！」と思い込むことが有効**なんです。

それでも先延ばしにしてしまう方は、一度困ってみるのもアリかもしれません。電気やガスが止まるまで料金を支払わないでいると、再開の手続きの面倒さがわかります。

ただし「奨学金の返納」「スマホの分割払い」「クレジットカードの支払い」など、料金の滞納が続くとクレジットカードが作成しにくくなったり、住宅ローンが組みにくくなったりすることがあります。これらはしっかりと期限内に支払うようにしましょう！

No.
10

Q

自動引き落としの手続きがとても苦手です……。

A

手続きができない理由を書き出して、
ひとつずつクリアしましょう！

小学校の給食費は自動引き落としが多いと思います。でもその手続きを先延ばしにした結果、小学校から鬼のように電話がかかってきたことが……。

まずはどうして自動引き落としの手続きができないのかを、紙に書き出してみましょう。するとあなたがなにに困っているのかがわかります。たとえば、こんな理由が挙げられませんか？

・どの印鑑が銀行印なのかわからない
・通帳やキャッシュカードがなくて口座番号がわからない
・引っ越し後、銀行で住所変更の手続きをしていない

おそらく銀行に関係する理由が多いはずです。勇気を出して銀行へ行って、これらのことを全部スッキリさせましょう！　銀行の窓口の人はこうした手続きに慣れているので、解決法をきちんと教えてくれます。

もし**銀行に行く気力がないときは、友人や家族に助けを求めてください**。ひとりではウンザリしてしまう手続きも、2人でとりかかればスムーズに進みますよ。

No.
11

Q

洗濯物をたたむ、食器を洗うなど先延ばしにしたタスクを忘れられず、気になってしまいます。

A

仮のスケジュールを決め、手帳やスケジューラーに記録しましょう！

家事でも仕事でも、やるべきことをつい先延ばしにしてしまうのは、誰にでも経験のあることです。そんな先延ばしにしたタスクは、すぐにやっつけたいところですが、優先すべきほかのタスクに追われていることもあるでしょう。私もよく先延ばしにするせいで、頭の中がいっぱいになり、疲れてしまいます。

今すぐにできないタスクが発生したら、取り組む日程を仮決めして、手帳やスケジューラーに登録しておきます。すると、頭の中は一時的にスッキリ！

それでもタスクのことを忘れられないのであれば、今取り組んでいるタスクを書き出して、目につく場所に貼り出しておきます。そうすると、今やるべきことに集中できるようになりますよ。

そして今のタスクが終わったら、先延ばしにしたタスクにすぐ着手しましょう！これも**先延ばししたくなったら、子どもや家族に「これを一緒にやろう」と言ってみるのもおすすめです**。**他人を巻き込むと先延ばしをしづらくなる**んです。

No.
12

Q

人にすすめられるとうまく断れず、
不要なサービスを契約しがちです。

A

すぐに契約するのをやめましょう！

衝動買いは100円均一やコンビニなどの買い物ならよいかもしれませんが、月数千円もする光回線を2年間契約してしまった日には、後悔の嵐です。わが家には、使わないインターネット回線と携帯電話回線、誰も飲まない宅配牛乳など、無駄な契約による不要なものがゴロゴロと転がっていました……。

思いついたらすぐに行動に移してしまいやすい人は、衝動性を自力で抑えることは難しいかもしれません。そこで、なにかの**契約をもちかけられたら「1週間考えさせてください！」と営業担当者の方に伝える習慣をつけましょう**。営業担当者は断られることに慣れているので、あまり心配することはありません。

そして1週間後に結論を出してみましょう。不要なものなら、おそらく忘れ去っていると思います。

買い物など衝動的になりやすいときも、この「1週間ルール」を思い出してみましょう。また契約前に、解約するときのことも考えてみましょう。解約手続きを具体的に調べてみると「面倒くさそう……」と思って手が止まるかもしれません。

No. 13

Q

動画や音楽アプリなどのサブスク、化粧品などの定期購入サービスの解約手続きが苦手です。

A

月末に「解約する！」というスケジュールを入れておきましょう。

一度契約すれば定額で楽しめるサブスク（サブスクリプション）、とても便利ですよね。わが家でも、気がつけば動画のサブスクが5契約、音楽系のサブスクが3契約。トータル月1万円近くも支払っていたことがあります。もちろんすべて使うわけではないので、無駄の極みです。

解約できない人におすすめなのが「月末は解約しよう！」という習慣をつけることです。スケジューラーに「解約する」という予定を入れて通知も設定しておくと、忘れずに解約を検討できます。私はこのクセがついたことで、５０００円近くのサブスクを解約できました！

動画のサブスクなどオンラインで解約できるものは、新たに課金される前に解約手続きをする日を決めておきましょう。解約手続きによって節約できる金額を計算してみると、解約手続きが楽しくなりますよ。

解約手続きが電話と手紙などの面倒なものは、家族や友人と一緒に手続きしてみましょう。手続きを変わってもらうのではなく、手続きしている様子を監視してもらったり手順を説明してもらったりするだけでも、気がラクになります。

No. 14

Q

毎月の支出が多くてお金が貯まりません。

A

まずは使っているお金の「見える化」に挑戦しましょう！

私は衝動買いや無駄な買い物が多くて、なかなかお金が貯まりません！　せっかく家事や育児と仕事を両立させても、どんどんお金がでていってしまいます。

そんな人はお金を増やす方法をシンプルに考えてみましょう。すると「支出を減らすこと」と「収入を増やすこと」の2択になります。給料をすぐに増やすのは難しいので、支出を減らすことから始めましょう。

まずは、日々の支払い方法を、クレジットカードなどオンラインで支払い履歴を確認できるものに変更します。すると、支出の総額と内訳が確認しやすくなります。**手書きの家計簿は継続しにくいので諦めましょう**。私が生涯無駄にした手書きの家計簿は10冊を超えます。

支出額が「見える化」できたら、次は無駄な出費を確認します。不要なサブスクやサービスは先ほど紹介した方法で解約！　また、ゲームや漫画に無駄なお金を支払っていないかも要チェックです。

一方で**自分の好きなことには、毎月いくらか使ってもよいと思います**。「毎月1万円は趣味に使ってＯＫ」など予算を決めておくと、罪悪感なくお金を使えます。

No.
15

Q

ほしいものがあるとクレジットカードのリボ払いで購入。支払いに追われてしまいます。

A

リボ払いやカードローンはNGです!

クレジットカードって便利ですよね。でも毎月少ない金額だけ支払うリボ払いは、無駄使いの引き金になるので、危険だと思います。現金が引き出せるカードローンも同様です……。

こうした**リボ払いやカードローンには、まず手を出さないこと！**　最初はおそるおそる使っていても、**慣れてしまうとお金を湯水のように使ってしまい、あっという間に借金が膨らんでしまいます**。

クレジットカードを使うなら、金利や手数料のかからない「一括払い」のみ。最近は、お金をチャージして使う電子マネーや、口座にあるだけのお金しか使えないデビットカードもおすすめです。

すでに支払いに追われていて、毎月の支払いが滞りがちな方は、司法書士や弁護士に相談すると、専門的なアドバイスをもらえます。

お金のトラブルから早く解放されるよう、工夫してみてくださいね。

No.
16

Q

ほしいものが見つかると
衝動的に買ってしまいます……。

A

買い物ができないように工夫しましょう！

町を歩けば、あれもこれもほしくなる！　物欲があるから仕方ないですよね。とはいえ、家計にも限度があるので、無駄な買い物は避けたいものです。

そこで、ひと工夫してみましょう。たとえば**「出かけるときはクレジットカードやキャッシュカードをもち歩かない」「通販サイトにはクレジットカード情報を登録しない」「クレジットカードの限度額を10万円などの低額にしておく」**といった方法があります。

それから、スマホのキャリア決済も落とし穴ですよね。スマホ料金と一緒に買い物の料金を支払えばよいので、気づけばびっくりするほどの金額を請求されることも……。このキャリア決済の限度額は自分で変更できるので、まずは最低限の金額だけ使えるように設定しておきましょう。

ちなみに私が買いすぎてしまうのは、ガジェットや本です。ひとりでネットサーフィンをしているとき、家電量販店や本屋に出かけたときはとても危険です。衝動買いでパソコンを買ってしまったときは自分でも呆《あき》れてしまいました……。

column

反省しすぎて、毎日ぐったり……

お布団に入ってから、「ああああああ！　なんでこんなこと言っちゃったんだろう！」「なんであんなことしたんだろう！」と頭を抱えてしまうことはありませんか？

私は今日の出来事だけならまだしも、数年前の失敗や悲しいことを思い出して気持ちが落ち込むこともあります。

発達障害の方は、嫌な気持ちを引きずりやすく、気持ちの切り替えがしにくいという特性をもっているようです。

そうなると「好きなことをして気分転換しよう」といった方法は通用しません。こんなとき、私はあえてその嫌だったこと、落ち込む出来事を紙に書き出しています。そしてどうしたら回避できたのかを考えるのです。嫌なことをリストアップした時点で客観視できるようになるので「なんだ〜！　大したことないじゃん」と冷静になれます。その上で、回避法を考えると心がスッと落ち着くのです。

それでも嫌なことが頭を占めてしまうときは「スペシャル睡眠タイム」を作るようにしています。お気に入りのパジャマを用意して、枕元によい匂いのアロマを置き、触り心地のよいシーツをセットするのです。嫌なことを思い出して気分が落ち込むときは、ぜひ試してみてくださいね。

Chapter2
part
02

ママ友、PTAって大変！

子ども関連の悩みと解決法

No.
17

Q

幼稚園に通う子どもがいるのですが、
外出するのが面倒で遅刻しがちです……。

A

時計の横に時間割を貼って、
子どもと一緒に時間を守るようにしましょう!

朝は寝ていたい私。ついつい子どもと一緒にのんびりしてしまって、気づけば登園時間ギリギリに！　なんてことがよくありました。でも親のせいで登園が遅れるのはよくないですよね。

そこでわが家では、リビングにある時計の横に、学校の時間割のように、朝やることを書いた表を作成し貼りました。そして「今は8時だから、帽子と上着をもって玄関へ行こう！」など、子どもと一緒に時間を意識して行動するようにしたら、遅刻する回数が減りました。たまには「ママ！　もう7時半だよ！　起きて！」なんて言われることもありますが……。

こうやって対策しても、やっぱり遅刻しそうになってしまうことも多々あります。そんなときは、少しお行儀が悪いのは承知の上で「子どもが朝ごはんを食べる時間がなくなったら、パンやおにぎりを自転車や自動車に乗りながら食べる※」など、**リカバリーする方法をいくつか用意しておくのがおすすめです**。いざというときに時短できますし、少し気も軽くなります。

※食べ物をのどに詰まらせる危険性がありますので、あくまで一例としてお考えください

No. 18

Q

子ども関連の用事で外出しようとしたら関係のないことに夢中になってしまい、約束の時間に遅れてしまいます……。

A

家を出る時間をスケジュールに登録しておき、テレビやSNSに触れないようにしましょう！

「約束の時間に間に合うように出発しようとしたら、SNSで『鍋の焦げつきを取る方法』を発見。試していたら、約束の時間を過ぎていた……」

これは実際に私がやらかしたエピソードです。ADHDの特性があると、今やるべきことを忘れて新たな興味・関心に熱中してしまい、結果として約束の時間に遅れてしまうことがあります。

そこでこんな対策を取ってみました！

出発の1時間前から、テレビやSNSなどを見ないようにして、新しく興味や関心がわくような情報をシャットダウンする。

次に、家を出る時間を余裕をもって設定して、スケジュールに登録しておく。

この2つを実践したところ、約束の時間に遅れる回数が減りました。

ちなみに「家の時計を10分早めておく」という対策も試したのですが、家族全員が「この時計は10分早いから」と逆算するようになって、結局また遅刻を連発することに……。「この学習能力は別のところで発揮したいな」と思いました。

No. 19

Q

保育園の書類や児童手当の現況届などの発送をつい先延ばしにしてしまうのですが、なにかよい方法はありませんか？

A

「書類発送セット」を用意しておきましょう！

保育園や幼稚園に提出する書類、児童手当の現況届など、子どもに関する発送物はなにかと多いです。

「期日通りに書類を送るぞ！」と張り切っていても、実際に手をつけると「切手がない、封筒もない、もちろんのりもなーい！」と、ちょっとしたハードルにぶつかって、ついあと回しに。そして気づいたら締め切りを過ぎているというのが、いつものパターンでした。

そんなときは、**書類を送る際に使うものを揃えた「書類発送セット」を用意しておくとスムーズに進みます。**用意しておくものはこちらです。

・文具類（ハサミ、のり、テープ）
・書類の記入に使うもの（ボールペン、印鑑）
・封筒、切手
・デジタルスケール（郵送物の重さをはかる場合）

このセットがあれば、もう書類の発送には困りませんよ！

No.
20

Q

電話が苦手で、
子どもの予防接種の予約ができません。

A

電話以外で予約できる病院を探しましょう！

子どもを産んで早々にわかったこと。それは……予防接種が多すぎる！　子どもの健康に必要なこととはいえ、その種類や回数の多さに驚いたものです。

そして電話が苦手な私は、予防接種という子どもたちの健康にかかわる手続きですら、あと回しにしてしまうことがあります。でも子どもの健康は守りたい！

そこで電話をすることは早々に諦めて、オンラインで予約できる病院や近所にあって立ち寄りやすい病院で予防接種を受けることにしました。

このように、苦手な手段を使わない方法を考えれば、案外スムーズに解決するかもしれません！

また、電話を代わってくれる家族がいるのなら、代わりに予約してもらうのもよいでしょう。

家族を頼りすぎるのは気が引けるのなら「予防接種のスケジュール立てと予約の電話をするのは夫、子どもを病院に連れて行くのは妻」というふうに**役割を分担するのもおすすめです**。それぞれができることをすれば、不満も生じにくいと思いますよ。

No.
21

Q

保育園からのお迎え要請など重要な連絡をもらっても、目の前の仕事や家事に気を取られて、忘れることがあります……。

A

重要な連絡は、まず家族と共有しましょう！

保育園から「お子さんが体調不良なので、早めに迎えにきてください」など、大切な連絡をもらっても、別の用事につい気を取られて頭からすっぽり抜けてしまったことはありませんか？

子どもに関することは、忘れると取り返しがつかないこともあります。そんな**重要な連絡は、すぐに家族と共有するクセをつける**のがおすすめです。

たとえば、旦那さんに「子どもが熱を出したから今から迎えに行ってくる！」と連絡したあとに、旦那さんから「迎えに行けた？」と返答してもらう約束をしておけば、二重に忘れることを防止できます。

私のようにシングルマザーで共有できる家族がいない場合は「電話の内容をメモに書いてパソコンに貼りつける」「手の甲にマジックで書く」といった方法で、常に内容が見られるようにするとよいですよ。

ちなみに私は、自転車で子どもを幼稚園に連れて行く途中、仕事のアイデアを思いつき、後部座席に子どもを乗せたまま帰宅。自転車を降りてから子どもを見つけ、腰が抜けるほど驚いたことがあります。大きい子どもを「前」に乗せられるような自転車がほしいと思ってしまいました。

No. 22

Q

私が早起きできずいつもギリギリに起きるせいで、子どもの起床まで遅くなってしまいます。

A

まずは子どもを早く寝かせましょう！

私は生活リズムを整えるのが苦手で、朝が遅いと夜なかなか寝られず、夜が遅いと朝はなかなか起きられないという「負のループ」にハマりがちです。そのため、子どもが起きるのも遅くなりやすかったです。

しかし、**子どもを早く寝かせることを徹底すれば、親が寝ていたとしても早く起きてくれるようになります**。まずは夜の就寝時間を決めて「スマホやテレビを午後8時以降は見ない」などのルールも設けるとよいでしょう。

朝は太陽光を浴びることで自然と目が覚めます。また、ライトがつくタイプのめざまし時計を使う、枕元に飲み物や軽食を用意しておく、複数のめざまし時計を使うなら、すべて音を変えるなどの工夫も効果的です。

わが家では、私が寝坊しても学校に行けるよう、朝食の支度をしてから寝るようにしています。また同時に、私が起きたくなるようにおいしいコーヒーやパンも用意するようにしたら、子どもが出発する時間までにはなんとか寝室から出てこられるようになりました。

ただし、子ども自身が睡眠障害などを抱えているケースもあります。気になる場合は、医療機関に相談してみるとよいかもしれません。

No.
23

Q

私が偏食のため、子どもの食事のバリエーションが少なくなってしまいます……。

A

栄養バランスさえよければ、同じメニューでもOKです！

ＡＤＨＤやＡＳＤの特性がある方は、偏食になる傾向があるそうです。私もほとんどの野菜が食べられず、食事が単調になりやすいので、子どもの食事のバリエーションにも影響がでてしまうことが気になっていました。

でも「一汁三菜《いちじゅうさんさい》が必要」「季節の野菜を食べるべき」といった「べき論」に囚われすぎると、毎日の食事が苦しくなってしまいますよね。

大前提として、**子どもは給食で多彩な食事をとっているので、最低限は大丈夫！タンパク質・脂質・炭水化物という「三大栄養素」をバランスよく摂れるようにして、メニューのバリエーションは気にしない**ようにしました。

栄養バランスに対する考え方はさまざまですが、私が参考にしているのは「ＰＦＣバランス」です。ＰＦＣバランスとは、１日に摂るカロリーに対する各栄養素のバランスのことで、厚生労働省「日本人の食事摂取基準（２０２０年版）」によると20歳～39歳はタンパク質を13～20％、脂質は20～30％、炭水化物は50～65％にすることが望ましいとされています。ぜひ参考にしてみてください！

No.
24

Q

親子とも偏食がひどく栄養バランスが偏《かたよ》ってしまいます。

A

1種類でもよいのでPFCバランスが整ったメニューを探しましょう。

わが家では「白いものしか食べてくれない期」や「納豆ご飯しか食べない期」など、子どもの偏食がひどく、家族全員が振り回されていました。単調な食事になるだけでなく栄養バランスの偏りも心配です。

しかしＰＦＣバランスに配慮できれば、メニューが偏っているからといって健康を害することはそうそうないと知って気がラクになりました。

偏食がひどい場合は、家族全員が食べられるＰＦＣバランスが優れており、簡単に用意できるメニューを探してみましょう。

どうしても見つからないときは**タンパク質を摂れればよし**とします。脂質と糖質だけの食事は避けてくださいね。

ちなみにわが家で人気の**ＰＦＣバランスが抜群の簡単メニューは、牛丼と親子丼**です。カツ丼も大人気ですが、作るのがちょっと大変なのでお惣菜のカツを買ってきてから作るようにしています。

No. 25

Q

子どもも私も偏食からか肌が荒れやすいです。なにか対策はありませんか？

A

ビタミンやミネラルが食事で補えない場合はサプリを活用しましょう。

偏食で食べられないものが多く、とくに野菜が大の苦手な私。本来なら野菜から摂りたいビタミンとミネラルが不足しがちで、いつも肌荒れに悩んでいました。あるときサプリメントの摂取がよいと聞き、飲んでみることに。ところがサプリメントは飲み忘れてばかりで、継続できません。

この対策を考えたところ**「家の中のいたるところにサプリを置く」という方法に行きつきました**。たしかに何度も目に入ると、サプリのことを思い出します。わが家の場合はダイニングテーブルと洗面所、キッチンと仕事机にサプリメントを設置。さらにサプリメントをかわいいピルケースに移し替えて、飲む時間が楽しくなるようにしてみました。

すると半年以上サプリメントを飲み続けられるように！　さらに、サプリメントを毎日飲めるようになったことで「私でも毎日なにかを続けることができるんだ！」という自信まで生まれました。想定外の副産物です。

ちなみに、子どもがサプリメントを飲んでも問題ないそうです。子どもに飲ませる場合は子ども用を選ぶとよいそうです。グミなど飲みやすいものがおすすめです。

No.
26

Q

歯磨きを忘れたり、磨き方が不十分だったりして虫歯になりやすいです。

A

歯ブラシを複数の場所に置いておき、歯磨きの時間やタイミングを決めましょう！

子どもの頃に面倒だなと思った歯磨きは、大人になってもやはり面倒です。しかし30代後半になると、虫歯だけでなく歯周病のリスクも高くなると言われています。やはり歯磨きは大切ですね。

対策としては、**歯磨きが面倒にならないように、キッチンや洗面所、お風呂など複数の場所に歯ブラシセットを置いておきましょう**。すぐに目に入るため、磨くのを忘れにくくなります。

ママだけでなく**子どもも歯磨きが嫌いなら「虫歯でボロボロになったお口の写真」を見せてみるとよいかもしれません**。わが家では歯磨きを面倒くさがる子どもたちに、歯科医のホームページに掲載されている「歯がほとんどない写真」を見せたところ、効果てきめんでした！

また、かかりつけの歯科医院を決めて、定期的に通うようにすると、お口の健康をキープしやすくなりますよ。

No.
27

Q

子どもの頃から立つ姿勢や座る姿勢が苦手で、親になってからは子どもの参観日や外遊びで苦労しています……。

A

親子遊びの一環で、体幹を鍛えてみましょう！

発達に偏りがあると、運動が苦手だったり常に緊張ぎみだったりして、身体を上手に動かせないことがあります。それは大人になっても同じです。

もし立っているだけ、座っているだけでつらさを感じる場合は、体幹の筋力が弱い可能性が高いです。子どもと一緒にトランポリンやなわとびで遊んでみるとよいでしょう。外に出るのが億劫《おっくう》だったら、室内で「誰が長く片足で立っていられるか競争」といった遊びを取り入れることで、体幹を鍛えられます。

わが家では私がすぐに疲れるため、走り回ることができません。屋外だと子どもから目をそらしてしまい、その間に危険な目にあわせてしまう可能性もあります。そのため、室内で身体を動かせるタイプのレジャー施設を活用しています。

また、スポーツ系の習い事によっても、子どもの運動不足は解消できますよ。

もし公園で遊ぶ際は、子どものお友だちが多く集まる公園に行くようにしましょう。すると、子ども同士で遊びが完結できるため、子どもも楽しく遊べるはずです。

No. 28

Q

子どもの前で泣いたり怒ったりしてしまうのですが、どう気持ちを切り替えたらよいでしょうか。

A

感情的になる前に、別室でクールダウンしましょう！

ＡＤＨＤの人は、衝動的な感情に流されてしまうことがあります。子どもの前で泣いたり怒りをあらわにしてしまったりすると、子どもが驚くだけでなく、自分でも後悔してしまうことも……。

そんなときは、まずはクールダウンのために別の部屋に移動しましょう。移動する部屋がなければ、トイレや玄関前など、子どもから見えない場所でもよいです。

別室で**気持ちが落ち着いたら、自分の感情の動きを振り返ってみてください**。感情的になった理由や子どものしつけのためにはどうすべきだったかなどを書き出してみましょう。そうすると、**今後はどのような行動をとればよいのかがわかるはずです**。

ただしその間、子どもの安全だけは確保しておきます。ハサミや包丁、アイロンなどの危険なものは、子どもの手が届かない場所に移動しておくようにしましょう。

私はよく仕事関係で泣きたくなりますが、親が泣いている姿を子どもに見せるのは避けたいと思い、泣きそうになったらすぐにトイレにこもっています。子どもたちから目が離せないときは、ソファの裏やテーブルの下など、子どもを見守れるけれど子どもからは見えにくい場所で泣くようにしていました。

No.
29

Q

子どもに大きな落ち度がなくても、嫌味を言ったり怒鳴ったりしてしまい、そんな自分を制御できません……。

A

カッとなったら一呼吸おいて、要望を具体的に伝えましょう！

感情のコントロールができず、その矛先《ほこさき》を子どもに向けてしまうこともあるでしょう。

そんなときはシンプルに要望を伝えるようにします。たとえば「ゲームの終える時間を守っていない」「ごはんを食べているときに肘《ひじ》をついている」といった生活態度など、あまり**緊急ではないことで叱る場合は、一呼吸おいて伝える**とうまくいきやすいと思います。

兄弟姉妹のけんかで「姉が妹のおもちゃを取った！」などと言い争いになっているときは、まず姉に「妹におもちゃを返しなさい」と言い、姉が妹に返却したら「返せて偉かったね」と褒《ほ》めます。このように、**悪い行動のときはシンプルに叱って、望ましい行動をしたら褒めることをワンセットにしておく**とよいですよ。

ただし、道路への飛び出し、周囲や自分に危険がおよぶ行為を止めるときは別です。スピードが命ですので、言葉よりも先に身体を動かしましょう。

わが家の怒りランキングの上位は、子どもが「学校で必要なもち物を、当日の朝に言ってきたとき」と「ゲームの時間制限を破ったとき」です。とくに「今日、ラップの芯が3本必要なの！」と言われたときは、血が沸騰しかけました。

No. 30

Q

子どもに対して一方的に話をしてしまい、子どもの話をじっくり聞いてあげられません……。

A

自分が話をしたら、その2倍は相手の話を聞くようにしてみましょう。

私はついつい話しすぎてしまうタイプで、子どもたちに面白かったことや腹が立ったことなどを話しています。すると自分が話すことに熱中してしまい、子どもたちは言いたいことを言えなくなっていることも。

そこで「自分が話したことの2倍は、相手の話を聞くこと」を実践するようにしました。**子どもがうまく話せない場合は**「給食はどうだった？」「昼休みはなにをして遊んだの？」といった、**イエス・ノーでは答えられない、子どもの気持ちや内容を引き出せるような質問を投げています**。

もし**子どもが話にのってこないときは**「今日の給食はおいしかった？」「昼休みは誰と遊んだの？」といった、**答えやすい質問に変える**ような工夫をしています。

なによりも**「ママはあなたたちを気にかけているよ」という気持ちが伝わることが大切です**。話しすぎてしまっても、少しずつ子どもの話も聞けるようにしましょう！

No.
31

Q

兄弟姉妹でけんかが起きたとき、双方の気持ちがよくわからず仲裁できません……。

A

それぞれの気持ちを聞くだけでOKです！

兄弟姉妹のけんかは、どちらも理不尽なことを言っている場合もあれば、一方だけが無理難題を押しつけていることもあります。こうしたけんかをうまく収めるのは、発達障害のない人でも難しいものです。

ましてやＡＤＨＤやＡＳＤの人は、人の気持ちを理解しにくい特性をもっていることもあるため、さらに子どもたちの気持ちを汲み取りにくくなってしまいます。

そもそも、**兄弟姉妹のけんかにおいて、ママが仲裁する必要はありません**。もしママが仲裁して、どちらが悪いのかを判断し、悪いと思ったほうを叱ると、双方に不満が残ってしまいやすいです。

そのため、けんかした双方の気持ちを聞くだけでよいと思います。誰かに気持ちを理解されるだけでも、子どもは落ち着くはずです。

私も「子ども2人の気持ちを聞くだけでよい」と知ってから、気持ちがラクになりました。

No.
32

Q

子どもに発達障害の特性があり、特定のジャンルがとても苦手で、親子とも継続的に取り組めなくて困っています……。

A

「○○を覚えたら動画を見てOK！」などごほうびを用意し、子どもに任せてみましょう！

わが家の娘はADHDやASDの特性のある発達グレーっ子。さまざまなこだわりや特性と付き合いながら、小学校中学年まで普通級で生活してきました。

しかし、学習面での課題がとうとう浮き彫りに。どうしても漢字と九九が覚えられないのです。国語や算数以外の教科でも、漢字が間違っているせいで減点されることもあり、親子ともに「どうにかしたい！」と切望しています。

ところが、嫌なことや面倒なことから逃げたがる私たち。もうどうしたらいいのやら……。

そこで導入したのが、ADHDならではの瞬発力を活かす「ごほうび作戦」です。ゲームや漫画、小説が好きな娘に「九九の七の段を完璧にしたら、漫画か小説を1冊買ってあげる」というように、ごほうびを用意して勉強をアシストしました。

ただし**目標が遠すぎると、子どものやる気は続きません**。そのため「ランダムで九九の問題を20個出すから、1分以内に答えられたら動画を10分間見ていいよ」などの小さな目標を作りました。すると嫌がらずに毎日学習するようになりました！

しかし、特性によっては家庭内学習ではどうにもならないこともあるでしょう。家庭教師や民間学童、学習塾の活用も考えてみてください。

No.
33

Q

子どもの勉強をみていると声を荒げてしまい、子どもが勉強を嫌いになってしまいそうです。

A

民間学童や学習塾などを検討しましょう。

「どうしてそんなこともわからないの！」

子どもの宿題や学習を見守っていると、なかなか理解が進まない子どもにイライラして、怒ってしまうこともありますよね。

私は、子どもたちがドリル帳を開きながらも鉛筆や消しゴムをこねくり回していると「とっととすませなさい！」と怒りたくなってしまいます。子どもにわかりやすく勉強を教えることが苦手というママ友も少なくありません。

この問題の**解決法は、あえて親が口を出さないことです**。親が無理に教えて子どもが怖いと思って、勉強が嫌いになったら本末転倒です。

学習塾や宿題をしっかりみてくれるタイプの民間学童、宿題サポートつきの家事代行などが活用できます。

利用するためのお金はかかるので家計との相談にはなりますが、教えるのが得意な専門家に任せて、子どもの勉強を遠くから見守ってはいかがでしょうか。

No. 34

Q

子どもの発達に合わせたサポートができません。

A

保育園や幼稚園、小学校の先生に相談したり、子どものお友だちに頼ったりしましょう。

子どもが成長していく過程で、親のサポートが必要なことがあります。トイレトレーニングやお箸の練習など、二人三脚で取り組むことがありますよね。もう少し大きくなると、ひらがなやカタカナ、なわとびも練習する必要がでてきます。

親のサポートが欠かせないことであっても、「やり方がわからない」「なかなかサポートを継続できない」と悩むことがあるのでは？　わが家でも九九やアルファベットの暗記は、「どうやって覚えればよいの……」と苦労しました。

そんなときは、保育園や学校の先生に「サポート方法を聞くこと」が大切です。先生は子どもを見ていますし、さまざまな困りごとについて解決策が豊富です。

ほかにも「子どものお友だちやその親に頼ってみる」のもよいでしょう。「うちの子が自転車に乗れないんだけど、やり方を教えてもらえないかな？」とお願いすると、子どもやその保護者の方が教えてくれるかもしれません。**できる子と一緒に練習するだけで、マスターすることもあります**。第三者に助けてもらう場合は、甘えっぱなしにならないようにしっかりお礼をして、自分が得意なことをお返しするといいですよ。

また**「できなくても困らないことならできるようになるまで待つこと」も重要です**。成長にしたがって自然にできるようになることもあります。

No.
35

Q

子どもの体操服や給食エプロンなどの一部が、
すぐになくなってしまいます……。

A

専用のネットやカゴを作って、
バラバラになるのを防ぎましょう。

月曜日の朝、体操服を袋に入れようとしたら帽子だけがない！　わが家でひんぱんにみられる光景です。ドラム式洗濯乾燥機を使っているので、一緒に洗えばなくならないはずなんですが……。

そこで、**洗濯するときは「体操着専用ネット（長女用）」のように、そのアイテム専用ネットを作って洗えば、中身がバラバラになるのを予防できます**。そして、なるべくまとめて干し、洗濯物が乾いたらすぐに定位置にしまいましょう。

わが家のように洗濯乾燥機を使う場合は、ネットを使うとシワがつきやすいので、アイロンをかける手間が増えてしまいます。

そこで実践しているのが、学校で使うものの専用のカゴに放り込む作戦です。洗濯物を乾燥機で乾かしたら、すぐにその専用カゴに入れます。そして必要になる日にそのカゴの中を探せば、必要なものが揃って取り出せるんです！　ぜひ実践してみてください。

No. 36

Q

保育園や習い事のもち物を準備するのが苦手で、毎回もたもたしてしまいます。

A

もって行く場所ごとにリュックやカバンを用意しましょう！

「ママ、今日は靴下が入っていなかったよ」
「ママ、習い事用のジャケットが入っていなかったよ」
私がきちんと準備ができないせいで、子どもたちからのクレームが絶えない時期がありました。このままではよくないと一念発起して、さまざまな方法を試したものの、長続きせず困り果てたものです。

そこでたどり着いたのが**「行き先別のリュック・カバンの用意」**です。保育園、習い事、遊びに行くときなど、その**行き先別にリュックやカバンを用意しておくと、中身を移し替える必要がないため忘れ物が減りました。**

ただし、毎日入れ替えたり洗ったりする保育園や幼稚園の荷物に関しては、カバンを用意しても中身を忘れがちです。そこで子どもと準備をするようにしました。子どもがみてもわかるように、イラストつきのチェックリストを用意。1カ月ほど一緒に支度をしたところ、年少の子どもでも自分で準備ができるように！

私がしっかりしていない分、子どもに負担をかけて申し訳ない気持ちもありましたが、結果的に自立が進んでよかったと考えるようにしています。

No.
37

Q

保育園や学童に置いてある子どもの着替え袋やロッカーの中が整理できないのですが、なにか対策はありませんか？

A

整理しやすいしくみを作りましょう！

保育園や学童では、下着やトップス、ボトムスにタオルといった子どもの着替えをいくつかストックしておく必要があります。しかし、その着替え袋やロッカーの中身がゴチャゴチャになりがちだった私。最終的には、冬なのに半袖のTシャツばかり入っていたり、サイズアウトした服しかなかったりするありさまです。これでは子どもの生活や体調に影響してしまいます。

そこで試したのは、アイテム別の分類です。**「下着用」「トップス用」などとアイテム別にきんちゃく袋やジップロックに入れたり、ロッカーに仕切りを入れたりすると、整頓しやすくなりました**。とくにジップロックは中身が見えるので、とても便利！　おすすめです。

ただし保育園や学童によっては、ジップロックなどの使用や仕切りの追加ができないこともありますので、まずは先生に相談してみるとよいでしょう。

No. 38

Q

子どもが学校のプリントを管理できず、提出物が親まで届きません！

A

人それぞれ苦手なポイントが異なるので、試行錯誤しながら最適な方法を見つけましょう！

私も子どもも、書類の管理が大の苦手！　今小学生の長女は、学校からもって帰ってきたプリントをランドセルから出さなかったり、もち帰らずに学校の引き出しにためていたりとさんざんな状態でした……。

そこで、まずは次の方法を試してみました。

・子どもの好きなクリアファイルを購入し、プリントをもち帰りたくなるようにする
・先生と連携し、重要なプリントをもたせた場合は連絡帳に書いてもらう
・ランドセルを開けずにプリントをもって帰られるよう、外付けのバッグを購入する
・ランドセルのフタの裏に「プリントをもって帰る」と書いたシールを貼る
・帰宅したら「今日のプリントは？」と声かけをする
・定期的にランドセルの中身を親子でチェックする
・同じクラスのママと連絡を取り合って、プリントがあることを情報交換する

その結果、わが家では**「ランドセルのフタの裏にシールを貼る」「声かけを欠かさない」「ママ友との連携」の合わせ技で解決しました！**

No.
39

Q

せっかく子どもがもってきたプリントを
私が紛失してしまいます……。

A

子ども用プリント置き場を作りましょう。

ようやく子どもが学校からプリントをもち帰るようになったとしても、次は私がプリントを紛失してしまいます。子どもが「あのプリントの提出期限が切れているよ」と言い、私は「そんなのもらってないよ！」と言いながらも、実は私がプリントを紛失していたという悲劇が何度もくり返されました。

私がプリントをなくしてしまうのはなぜだろうと考えてみたところ、そのほとんどが「忙しいときに受け取って、テーブルや本棚の上などの適当な場所に置いたこと」が原因だとわかったんです。

そこで導入したのが、子ども用プリント置き場の設置！　**子どもに手渡してもらうのではなく、決まった場所に置いてもらう**ようにしました。

また**保管した場所が目に入らないと忘れやすい**ので、新しい書類が入っていることがわかるよう「縦型・透明タイプの書類立て」を設置。

それ以降、私が書類を紛失することはなくなりました。

No.
40

Q

学校のプリントを紛失しなくなりましたが、そこに書類があるのに提出期限を守れません。

A

プリント置き場にボールペン・印鑑・ハサミなどをセットしておきましょう。

試行錯誤してプリントをなくさなくなったのに、私の先延ばしグセのせいで提出期限に間に合わないことがありました。協力してくれている子どもにも申し訳ない気持ちでいっぱいです。

プリントの提出が遅れる理由を検証したところ、ちょっとしたハードルが発生したときに高確率で先延ばしにしていることに気づきました。

たとえば、プリントに記入しようと思ったら近くにボールペンがない。キリトリ線を切るハサミがないなど。あとでやろうと思ってそのまま放置していたのです。

そこですぐに提出物に必要事項を記入して、子どもに手渡せるように**ボールペンや印鑑、ハサミなどの提出物記入セットを、プリント置き場の隣に設置。新たなプリントを見つけるたびに書いて子どもにもたせるようにしました。**

この方法を取り入れてからは、私が原因で提出物の期限に遅れてしまうことはほとんどなくなりました！

No. 41

Q

連絡帳になにを書いたらよいのかわからず、時間がかかってしまいます。

A

家族に書いてもらったり、メールでのやりとりに変更してもらったりしましょう!

「保育園や幼稚園、学校の連絡帳を書くのが苦手」という声をよく耳にします。連絡帳の記入が苦手な原因は人それぞれ。たとえば次のような原因があるそうです。

・字を書いたり、文章を考えたりするのが苦手
・なにを書けばよいのかわからない
・忙しくて、連絡帳を書く時間がない

まずは「なぜ連絡帳を書くのが苦手なのか」を考えてみましょう。**字を書くのが苦手ならば家族に書いてもらう、アプリやメールを活用する**という手があります。ただし、アプリやメールが使用できない園や学校もあります。先生に相談してみましょう。**書く内容が思いつかないなら、子どものかわいかったエピソードや気になったこと、食事の様子などをスマホのメモ帳に簡単に打ち込んでおき、それを見返して連絡帳を書く**ようにします。

もし忙しくて連絡帳を書けないなら、子どもがごはんを食べている間や、寝かしつけのときに薄明かりをつけて書くなど、スキマ時間を活用するとよいかもしれません。

No.
42

Q

ＰＴＡの係を引き受けたところ、苦手なことを先延ばしにして周囲に迷惑をかけてしまいます。

A

苦手なことを前もって周りに伝えて、仕事の割り振りを見直してもらいましょう。

子どもが小学生になると、どうしてもかかわることになるＰＴＡ。活動内容によっては、普段避けている苦手な作業に当たってしまうこともあります。

私は電話と知らない家への訪問が苦手です。そのため、「学校区内の見回り当番ノートを次の当番の家にもって行く」ということすら滞らせてしまい、周囲に迷惑をかけたことがあるんです……。

この当番は全世帯に年に3度回ってくるため、断ることもできず苦労しました。子どもが中学年になってからは、子どもにおこづかいを渡して、運んでもらうようにしています。

ＰＴＡ活動との折り合いをつける方法としては、**苦手なことが作業内容に含まれている係は引き受けず、別の仕事に振り替えてもらう**のがベストです。

しかしわが校の見回り当番のように、振り替えられない仕事の場合はどうにかこうにか家庭内で回していくしかありません。自分ができないのであれば、家族に頼ってみましょう。

No.
43

Q

PTAの役員を引き受けたものの、電話が苦手で電話に出られません。対策はありますか？

A

メールでのやりとりに誘導しましょう。

私はＰＴＡの仕事は引き受けるものの、知らない人からの電話に出るのが苦手なためコミュニケーションがとれなくなり、役割を果たせないことが何度かありました。電話の苦手さを周囲に伝えることができず、悶々《もんもん》としていました。周りの保護者も「なんで連絡がつかないんだろう……」とイライラする状態だったと思います。

電話が苦手だと正直に言いにくいなら、「今は連絡がつきにくい」と伝えてはどうでしょうか。私は知らない番号から電話がかかってきたら、すぐにショートメールを送り、メールでやりとりしていました。すると思いのほか、ストレスなくやりとりが続くようになったのです。

このあと、私以外にも電話の連絡がつきにくい保護者が多いとわかり、電話ではなくメールやチャットでの連絡が増えるようになりました。この変化によって、むしろ保護者同士のコミュニケーションが密になったように感じています。

ちなみに、**どうしても出なければならない用件だとわかっているときは、「苦しくなったら、電波が悪いフリをして切らせてもらおう」と心理的な逃げ場を作っています**。すると気楽に通話ボタンを押せるようになりました。

No.
44

Q

子どものお友だちやその親御さんの顔が覚えられません……。

A

子どもや親御さんの特徴をメモしましょう!

私は人の名前や顔を覚えるのが苦手です。3時間ほど一緒に食事をしたり遊んだりすればしっかりと覚えられるのですが、保護者会で顔を合わせる程度では全く覚えられません。

ところが相手からは覚えられていることも多く、スーパーや駅前で見知らぬ人に会釈をされて戸惑うことが多々あります。

そこで取り入れたのは、医師や看護師が実践しているという「人の覚え方」です。

入院病棟にはたくさんの患者さんがいるため、医師や看護師は常に患者さんのリストをもち歩いて、さまざまな特徴を名前とともに書き込んでいると言います。

たとえば「いつも売店であんぱんを買う85歳男性」「盆栽好きの16歳女性」など。

とくに**会話の中で印象に残ったことを名前と一緒に書いておくと、忘れにくい**そう。

この方法を試すようになってから、以前よりも親御さんの顔を覚えられるようになりました！

ちなみに私は「大きなピアス、ボブヘア、〇〇ちゃんのママ」「自転車カバーがタクシーみたいに開閉する[redacted]くんのパパ、いつもスーツ」というふうに書いています。

No.
45

Q

おしゃべりをしているママたちの輪に入れずに孤立してしまいます。

A

無理に入ろうとせず、一定の距離を保つだけでもOK！

ADHDやASDの特性をもっていると、人とのコミュニケーションがあまり得意ではない人もいます。でも学校の近くや公園などでママ友の輪ができていると、つい気になってしまうかもしれません。

もし**人付き合いが苦手であれば、無理してママ友の輪に入らなくてもよい**と思います。そのママ友とがんばって仲良くなったとしても、その後の付き合いで苦労してストレスが増えてしまうことがあるからです。

きちんとあいさつをして、友好的な様子を見せておけば問題はありません。それに、ほかにも「あの輪に入りにくい」と感じているママがいるかもしれないですよね。

あいさつが難しいほど元気がないときは、ママたちに会いそうな場所を避けてもよいかもしれません。送迎を変わってもらえる家族がいるなら、バトンタッチしてもらうといいですよ。

No.
46

Q

気づいたら一方的に話してしまい、
ママ友などから浮いてしまいます……。

A

自分が話したらその1・5倍は、
相手の話を聞くようにしましょう！

ＡＤＨＤやＡＳＤの傾向があると、ついつい相手の話を聞かずに自分の話ばかりしてしまうと言います。私もそのタイプで、自分ばかり話してしまうだけでなく、付き合いの浅いママ友にプライベートなことを暴露してしまい、相手からドン引きされることもあるんです……。

そこで徹底したのが、自分が話したら、その1・5倍は相手の話を聞くように心がけること。また**プライベートなことや失敗談など、相手が戸惑うようなことを話したくなったら、「相手は私の親戚でも親友でもない」と心の中で唱える**ことにしました。

さらに、相手の話をさえぎらないように「話す前に一呼吸おくこと」も徹底！

これらの取り組みのおかげで、ママ友や地域のコミュニティの中で、煙たがられることが減ったように感じています。まだ「変わった人扱い」はされているかもしれませんが……。

No. 47

Q

PTAの活動や保護者とのコミュニケーションの中で、あいまいな表現があったりすると、理解できずに困ってしまいます。

A

あいまいな表現のパターンを覚えましょう。

「関西地方に住む人が言う〝行けたら行く！〟は、断り文句のひとつ」など、あいまいな表現が話題になることがあります。しかし発達に偏りがあると、こういったあいまいな表現の裏にある気持ちを読み取りにくいかもしれません。

私も「今度ごはんでも行こうね」と言われたときに、翌週さっそくごはんに誘ったら驚かれた経験があります。

実はこういった**あいまいな表現には、一定のパターンがあります**。この**パターンを学んでいくことで、理解できることが増えていく**はずです。

たとえば、こういった表現は定型文として覚えておくとよいでしょう。

・「行けたら行く」→人にもよるけれど「行きたくない」の表れ
・飲み会での「無礼講」→飲み会は楽しむけれど、上下関係などの礼節は忘れない

一緒に映画やドラマを見るような友だちや家族がいる場合は、鑑賞しながらあいまいなやりとりを解釈してもらったり、自分の考えと答え合わせをしたりすると、さらに多くのパターンを学べますよ！

No.
48

Q

うまく雑談ができないのですが、コツはありますか?

A

楽しげに相づちを打つだけでOKです!

雑談ってどうやってしたらいいのでしょうか？　すべての会話に意味を求めてしまうタイプの人にとっては、とりとめのない雑談は「無駄な時間」だと思えるかもしれません。芸能人のスキャンダルやドラマ、漫画の話など、自分にとって興味がない話題であればなおさら、理解ができないでしょう。

それでも**雑談は、人との関係性を深めるために重要なコミュニケーションのひとつです。**雑談にうまく参加できない場合は、その**話の流れに沿って相づちを打つだけで十分です**。まずはその輪に参加してみましょう。

また子どもの運動会や授業参観の帰りなど、あらかじめ雑談が発生するだろうと予想される場合には、雑談のネタを集めておいてもよいでしょう。

朝の情報番組の芸能人のゴシップやニュースをメモしておくだけでも、会話の幅が広がります。

複数人での会話が苦手で雑談が難しいと感じる人は、会話の情報を処理できずにフリーズしているのかもしれません。その場合は、にこやかに相づちを打つ役目に徹しましょう。無理に発言すると、会話の流れにそぐわないことを言ってしまう可能性が高いです。

No. 49

Q

空気が読めずに場を凍らせてしまうことがあり、どうにかしたいです。

A

発言や行動する前に周りの人の様子を観察してみましょう。

ＡＳＤの傾向がある方は、場の空気を読むことが苦手な人が多いと言われています。たとえば次のようなとき、周囲は違和感を覚えるかもしれません。

・仕事で定時直前に重要な作業が発生。周囲は全員残業覚悟で作業しているものの、定時になったら自分だけ帰ってしまう
・ママ友たちが愚痴を言っているのに、自分だけ反対の意見を言ってしまう

定時で帰ることや正論を言うことが悪いわけではありませんが、その場の流れには反していると言えます。このような言動が多いために、周囲から敬遠されてしまうのは悲しいことです。

無理に空気を読む必要はありませんが、たくさんの人が集まる場所ではほかの人と違う意見を述べないようにする、行動する前に周りの人たちの様子を観察するようにするなど工夫するだけでずいぶん変わると思います。

自分がこれから言おうとしていることや、やろうとしていることと、周囲の人々の言動にギャップがある場合は、一呼吸おいて考えるとよいですよ。

No. 50

Q

文字でのコミュニケーションが苦手です……。

A

絵文字やスタンプを使って、
気軽に返信してみましょう!

顔を合わせての会話や電話はできるのに、文字でのコミュニケーションが苦手という人もいます。その理由は、文字を読むことが苦手だったり、スマホやパソコンでの文字入力が苦手だったりと、人それぞれです。

もし**文字を読むことや文章を作ることが苦手なら、文字入りのスタンプを使うのがおすすめです**。まずは「会話の意味が通じればよし！」と思いましょう。**パソコンやスマホの入力が苦手なら、声を文字に換えてくれる「音声入力」を使ってみてはいかがでしょうか**。最近はほとんどのスマホに音声入力機能がついていますし、音声入力のアプリもいくつかありますよ。

最近の高校生は、文字ではなくボイスメッセージでやりとりをすることも多いと聞きます。もしボイスメッセージを送っても「トレンドに敏感なんだな」などと、違和感なく受け入れてもらえるかもしれません。

No.
51

Q

LINEやメールをすぐに返さないと
既読スルーして忘れてしまいます……。

A

「ごめん！　返信したつもりだった」と
謝ってからやりとりを再開しよう。

私はＬＩＮＥやメールなどに気づいたら、基本的にはすぐに返信するタイプです。しかしタイミングが悪くてすぐに返信できなかったときや、返信するためになにか調べる必要があるときは、あと回しにしてそのまま返信し忘れ、既読スルーになりがちです。

そのまま放置しているとだんだんと罪悪感が強くなって、最終的にはその関係すら断ち切りたくなってしまいます。

既読スルーになりがちなことに困り、周囲に相談してみると**「意外と周りは気にしていないものよ。しれっと会話を再開してみたら？」と言われて、目からウロコでした。**「返信しなかったことで相手が気分を害しているに違いない！」と思い込んでいたのは、どうやら私だけだったようです。

その日から気がラクになり、少し返信が遅れても「ごめんなさい！　返信したと思っていました」とやりとりを再開できることが増えました。この勢いで、よい人間関係を築いていきたいものです。

No.
52

Q

ママ友からのお誘いを断るのが苦手で、お断りの連絡ができず、ドタキャンしてしまいます。

A

最初から「行けないかもしれない！」と伝えておきましょう。

私はなにかを断ることが大の苦手！　相手に嫌な思いをさせたくない、自分から断ると角が立ちそうといった理由から、ついついお断りの連絡をあと回しにしてしまうんです。そしてドタキャンする結果になり、相手に迷惑をかけてしまうことが多々あります。

断りたいのに断れずにいる自分自身にモヤモヤしますし、相手も予定の直前になってキャンセルされたらよい気持ちはしません。それでもなかなか言い出せずに先延ばしにしてしまうのです。

そこで試してみたのが、**誘われたときに「もしかしたら行けないかもしれない！」と伝えておく**ことです。**断るわけではないので、言いやすい**気がします。

私は「もしかしたらダメかも！　わかり次第また連絡するね」「その日は家族の予定が入っているかもしれないから、確認して連絡します」など、いくつかのセリフのパターンを用意しています。すると、誘われたときにそのセリフがとっさに口から出るようになって、断れずに相手に迷惑をかけるシーンが減少しました！

No.
53

Q

保育園や小学校での保護者会や行事に行くのを忘れ、信頼を失いつつあります……。

A

約束をした時点でスケジュールに登録しましょう。

子どもに関する予定が増えていくと、うっかり予定をすっぽかしてしまった経験はありませんか？　私は仕事の予定に気をとられて、子どもの保育園に行く用事を忘れることがありました。そして相手を怒らせたことも数知れず……。

そのため私は、なるべく子どもに関するスケジュールも記録するようにしています。ポイントは、**約束をした時点でスケジュールを登録する**こと！

「家に帰ったら手帳に書こう」「電車に乗ったらスマホのカレンダーに登録しよう」などのちょっとした先延ばしをすると、あっという間に忘れてしまいます。家では家事や子どもの相手で頭がいっぱいになりますし、電車の中でスマホを見ると、ゲームや漫画に夢中になってしまいますから。

人の目の前でスケジュールを登録することは、失礼には当たりません。むしろ「きちんとしている人だな」という印象をもってくれるでしょう。

それでも約束を忘れてしまったら「あなたを軽んじているわけではなく、スケジュール登録を忘れてしまったんです」と丁寧に謝罪をしてください。

No.
54

Q

ママ友と少し仲良くなると、まるで親戚かのようについ付き合ってしまい、距離を置かれていることがあります……。

A

こちらから誘う回数を減らして、相手の様子をうかがいましょう！

人との距離感をうまく図れない私は、すぐに子どものお友だちを家に呼んでごはんを食べたり、一緒に出かけたりしたくなります。「今度遊ぼうね」の約束を真に受けて、すぐにお誘いしてしまうことも多々ありました。

ところが周りを見渡すと、家を行き来するような関係を築いているママたちは少ないようです。そこでようやく自分の距離感のなさに気づきました。考えてみると、最初は仲がよかったのに、だんだんと疎遠になってしまったママ友がいるんです……。

この教訓から、相手と親密になりたいときは「相手が嫌そうにしていないかな？」とよく観察するようにしました。LINEの返信がスタンプだけだったり、極端に遅かったりする場合は「もしかしたら迷惑かもしれない」と考えることにしたのです。**相手の反応がわからないときは、お誘いする回数を半分にする**ようにしました。もし相手が「もっと遊びたい」と思っていたら、あちらから誘ってくるでしょうから。

また「今度遊びましょう」「ごはんでも食べましょう」は、社交辞令の可能性が高いと肝に銘《めい》じて、乗り気な返事をしつつも相手の出方をみるようにしています。

No.
55

Q

相手の気持ちがわからず、モヤモヤしてしまいます。

A

信頼できる人に相談して、客観的に考えてもらいましょう。

「あのとき、○○ちゃんママの機嫌が悪かった気がする。なにか悪いことをしちゃったかな？　さっぱり気持ちがわからない！」

こんなことを考えてモヤモヤするのは、私にとって日常茶飯事です。どうして嫌そうな顔をしたんだろう、なぜ興味がなさそうだったんだろうと相手の行動を振り返っては、ああでもないこうでもないと考えるのです。ところがいくら考えても結論は出ません。**相手の気持ちはひとりで考えてもわからないものです。**

そんなときは信頼できる友人や兄弟姉妹に相談するようにしています。すると客観的な意見をくれるので、モヤモヤが解消できるんです。

もしくは、そのモヤモヤした現場にいた人に相談してもよいですし、勇気を出して本人に聞くのもよいでしょう。

ただし、気を回しすぎているだけの可能性も大いにあります。「相手の機嫌が悪かったのは、ただお腹がすいていただけだった」「つまらない顔をしていたのは夜ふかしして眠かっただけだ」というように、自分に落ち度がないことも多いのです。

No.
56

Q

会話の中で相手を怒らせてしまうことがあり、その原因がわからずに困っています……。

A

信頼できる第三者に相談して、反省点を知りましょう！

ＡＤＨＤやＡＳＤの傾向があると、つい相手に失礼な質問をしてしまったり、他人に話すべきではないことを言ってしまったりと、さまざまな失敗をしがちです。容姿や宗教、政治や自分・家族の成績の話、収入や貯金などのお金の話は、基本的にはタブーです。ほかにも言ってはいけないことがありますので、そのパターンをひたすら覚える必要があります。

もし自分の言動によって人を怒らせてしまったら、その原因を信頼できる第三者に聞くとよいでしょう。

私は就職したばかりの頃、先輩に月収を聞いてしまい、上司から「それは失礼な話題だよ」とたしなめられる失敗を経験しました。でも今思うと、そうやって教えてもらったからこそ、少しは大人としての言動ができるようになった気もします。

また**思いついたことを口にする前に一呼吸を置くようにしてからは、無用な質問を飲み込めるようになりました**。

ほかにも目を合わせない人や、ジロジロとみてしまう人も相手を怒らせがちです。**相手の顔の中心あたりを見るようにすると、自然な振る舞いができる**ようになります。

No. 57

Q

親戚が私のことを「ズボラ、怠け者、礼儀知らず」と言っているようです……。

A

今後も付き合う人には、得意や不得意を説明しておきましょう。

発達障害への理解は、年々進んでいると思います。しかし「親戚が発達障害かも？」と思ったときに、それを受け止められない人もいるのではないでしょうか。私の親も、私や子どもが発達障害の傾向があることをすんなりとは受け入れられませんでした。さらに距離が遠い親戚であれば、なおさら難しいと思います。だからといって、頭ごなしに「あの子はズボラで怠け者だ」と言われ続けると、さすがの私も反論したくなります。

そんなときは**「発達障害なの」とストレートに伝えるのではなく、得意・不得意がはっきりしているタイプであることを伝えてみてはいかがでしょうか**。人は誰しも長所と短所があるので、多くの人はそれで納得できるはずです。しかしそれでも理解が難しそうな相手なら「体調がよくなくて……」といった伝え方でもよいでしょう。

家族や親戚だけでなく、発達障害の特性があることを他者に伝えるかどうかは、慎重に判断したほうがよいと思います。伝えることがよい結果につながるとは限らないからです。配偶者や親などの信頼できる家族に相談し、一緒に考えてもらいましょう。

No.
58

Q

自分のことや子どものことで困っても、
他人や公的機関を頼れません。

A

学校や病院に相談してみましょう。

私自身のことや子どもの発達の遅れについて、学校や病院に相談することが苦手でした。とくに子どもの発達のこと、生活態度や学習面の得意や不得意について、担任の先生に相談できませんでした。なぜなら、忙しい先生に時間をとらせたくないし、モンスターペアレントだと思われたくないからです。

しかし**相談しないでいると、状況がどんどん悪くなる**ことがあります。まずは**「ある程度、迷惑をかけてしまうのは仕方がない！」と割り切り、相談してみてはどうでしょうか**。よくよく考えると**相談をするだけであれば、モンスターペアレントとは言えない**はずです。

とくに子どもの教育や発達、体調などに関することは、モヤモヤとひとりで悩んでいるよりも、学校の先生や医師に相談したほうが解決策を見つけやすくなります。

私は娘の困りごとについて先生や医師に早めに相談するようにしたところ、快くアドバイスをしていただけて助かることが増えました。こんなことなら、早く悩みを打ち明ければよかったと思っています。

column

発達障害にうつ病や不安障害が加わる!?

発達障害の特性をもつ方はうつ病や不安障害などの精神疾患を併発しやすいと言われています。診断を受けていない方でもメンタルの浮き沈みに悩む方はいらっしゃるでしょう。メンタルの問題は、自分でどうにかできることではありません。

「朝になってもベッドから起き上がれない」「もう５日間もお風呂に入れていない」。こんな状態になってしまったときは医療機関に相談してみてください。うつ病や不安障害について適切に対処してもらえます。自分でできることとできないことをしっかりと線引きをして、自分で解決できないことはサクッと専門家に頼るのが大切です。

「太陽の光を浴びて筋トレしよう！」「おいしいものをたくさん食べよう！」。こんなアドバイスを見て、心が苦しくなるようなら黄色信号。病院は認知行動療法やカウンセリングなどの方法を組み合わせて助けてくれますよ。

うつ病や不安障害などの病気を防ぐためには「しっかり休むこと」と「ストレスを発散すること」「規則正しい生活を送ること」が大切だと言われています。疲れを感じる前に、休んでストレスをためこまないようにしてくださいね。

Chapter2
part
03

人間関係もタスク管理もつらい!

仕事に関する悩みと解決法

No.
59

Q

仕事のアポイントの時間を何度確認しても、間違えてしまいます……。

A

メールなどの本文をコピーし、スケジューラーの該当日に貼りつけてから日時を設定しよう！

私は予定を忘れてしまうことを防ぐために、必ず手帳に書くようにしているのですが、転記ミスをしてしまうことがあります。いつの間にか全く違う時間で覚えてしまって、そのまま書き間違えをしてしまうんです。

そこで次のような工夫がおすすめです！

スマホやパソコンのスケジューラーを使っているなら、「メールやチャットの本文の時刻をコピーして、該当日の概要欄に貼りつけて、それから日時を設定する」という流れを徹底すれば、転記ミスはほぼ防げます。

また紙の手帳でスケジュールを管理しているなら、**約束の前日に相手へメッセージを送るといいでしょう**。その際は「5月30日12時にお会いできるのを楽しみにしています」などと、約束の日や時間を書くようにします。すると、もし日程が間違っていれば相手から指摘してもらえるんです。相手の勘違いも防止できるので、一石二鳥でしょう。

No.
60

Q

人には理解されにくいこだわりがあり、なくしたいです。

A

「こだわりを捨てても困らない」という経験を積みましょう!

ＡＤＨＤやＡＳＤの傾向があると、自分ならではのこだわりが強かったり、こだわりが崩されたときにパニックやショック状態になったりすることがあります。

わが家のＡＳＤ疑いがある娘は、５歳まではこだわりの塊！　こだわりやルーチンを守ってもらえないと、火がついたように泣いてパニック状態になっていたんです。

そんなとき、療育の先生から「こだわりに意味がないことを学習していけば、お互いに生きやすくなりますよ」と教えてもらいました。

そこで、意味のないこだわりをあえてひとつずつ崩していき、崩しても問題がないことを親子で学習していきました。たとえば「お気に入りのショッピングモールに行くときに、子どものこだわりとは違った道を通って行く」などです。娘は最初こそ泣き叫んでいたものの、次第に別のルートからでもショッピングモールへ行けることを理解し、こだわりを手放せるようになりました。

同様に**大人のこだわりもあえて崩してみると、消失していく**と言います。ただし、こだわりが崩れるときに、自分や他人に危害を与えたり激しいパニック状態になったりするようであれば、まずは医師に相談しましょう。

No. 61

Q

仕事の手順や専門用語などを覚えるのが苦手です。

A

覚えるべきことは、すべてメモしましょう。

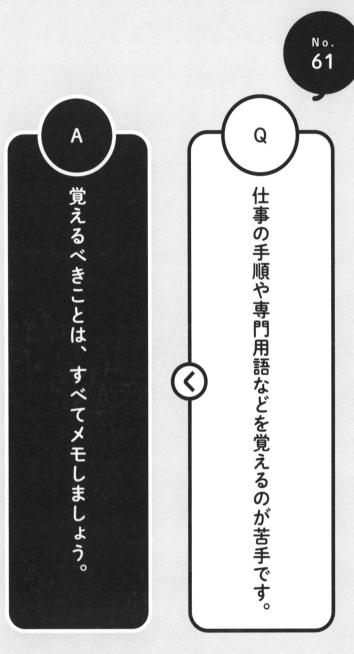

発達に偏りがある人の中には、覚えるのが得意な人と苦手な人がいます。どちらのタイプの方にも重要なのは、メモをとることです。

覚えるのが得意な人は忘れることが苦手な場合もあり、メモをとることで素直に記憶を手放すことができます。逆に**苦手な人は、忘れることを前提に細かくメモをとると思い出しやすくなる**でしょう。ここでは代表的なメモのとり方を紹介します。

・紙の手帳やメモに書き留めたり、スマホやパソコンのメモ帳に入力したりする
・業務関連ソフトの操作方法などは、一連の流れを動画で撮っておく
・手書きやスマホ、パソコンへの入力が苦手なら音声入力を活用する

ポイントは**メモをとるツールを統一する**ことです。複数のツールを使うと、どこにメモをしたのかがわからなくなるからです。

私の場合は、基本的には紙の手帳でメモをとりますが、紙の手帳が手元にないときには「Evernote」という手帳アプリに入力しています。これはスマホからでもパソコンからでも使えるので便利ですよ。

No.
62

Q

上司や先輩に怒られるのが怖くて、
積極的に行動できません。

A

成功した経験を積んで
苦手意識をなくしていきましょう！

子どもの頃からADHDやASDと診断されていたり、その傾向がでていたりすると、自己肯定感が低くなることがあります。

「忘れ物が多くて不真面目だと思われる」「授業中に歩き回り、ふざけていると言われる」など、こういった行動を理解してもらえずに、先生や同級生から注意された経験はありませんか？　また、発達障害からくる行動だと理解があったとしても、怒られがちであることに変わりはありません。

このような子ども時代から自己肯定感が低くなっていると、自ら行動を起こすことが怖くなってしまいます。

「本当はこの業務を先にやったら効率がよいと思うけれど、怒られたくないからやめておこう」「よいアイデアを思いついたけれど、余計なことを言うと叱られるかもしれないから、言わずにおこう」などと思ってしまいます。

この問題の**解決方法は、成功経験を積むことです**。**信頼できる上司や同僚に効率的な業務の方法やアイデアを話してみましょう**。**先に意見を聞いてから実践すれば、怒られることはありません**。またよい考えであれば、怒るどころか喜ばれるはずです。

No. 63

Q

会議で自分から意見を述べるのが苦手です。

A

あとから個別に意見を伝えましょう。

会議で自分の意見を述べるのが苦手という方は、少なくないかもしれません。私もつい周囲の空気を読もうとして、黙り込んでしまいます。かといって相手から話題を振られると、話しすぎてしまうから不思議です……。

会議での発言が難しい理由は、おもに次の3つがあります。

・大勢の前で意見を述べることが苦手
・自分の意見や質問をまとめようと考えすぎて、なにも言えなくなる
・よい意見、アイデアが思いつかない

これらを解決できるのが「あとから言うこと」です。**会議時に言えなかったとしても、参加者や責任者に直接意見を伝える**ことはできます。対面で話すのが難しければ、メールやチャットで送ってもよいでしょう。

なにも意見が思いつかずメールも送れない場合は、会議の参加者に個別に意見を聞いてから、自分の意見を再度考えてみるのもおすすめです。

No. 64

Q

物事を順序立てて話すのが苦手で、周りに伝わっていない気がします。

A

言いたいことを頭の中で組み立ててから話しましょう!

「思いついたことを突然話してもなんの話かわからないし、なにを言っているかわからないよ」と、私はよく娘に言っています。私も子どもの頃、全く同じように注意されていたんですけれどね。

順序立てて話すことが苦手な方は、まず「なんの話なのか」を伝え、次に「結論」を言い、その「理由」を述べるようにしましょう。すると相手に理解されやすくなります。

順序立てて話すことに慣れてきたら、そこに「いつ」も加えると、さらにわかりやすくなります。

たとえば、クレームの発生を上司に伝えたいときは「クレームが発生しました。5日前に納品したシステムが停止したと、今A社の専務から連絡がありました。すぐにシステムの復旧をしてほしいそうです」と説明すればわかりやすいですよね。

慣れないうちは、**話す前に「いつ・どこで・誰が・なにを・なぜ／どのように」を明確にした原稿を作っておくと、よりわかりやすい文章になりますよ**。

No.
65

Q

仕事を頼まれるとうれしくなって「やります」と言うものの、結局キャパオーバーになって迷惑をかけてしまいます……。

A

「引き受ける」と「断る」の間に「期限や仕事量を調整する」という工程を設けましょう！

発達に偏りがある人は「ゼロか100か」という極端な考え方をしやすいと聞きます。私もこの思考のもち主で、仕事を引き受けるか断るかの2択しかないのです。仕事を依頼されてうれしい私は、キャパシティを考えずに引き受けてしまいます。この仕事を断らないことが、納期を守れなくなる原因のひとつでもありました。

ところがある日、仕事仲間の様子を観察していてびっくり！「今は立て込んでいますが、1週間後なら可能です」と「引き受ける」と「断る」の間に「納期や仕事量を調整する」という工程があったのです。それを知ってからは、私も手帳を確認してから、実現可能な形で引き受けられるようになりました。

社内で頼まれごとを断れずに、**タスクが山盛りになってしまう人は「手もちのタスクがこれだけあってすぐに対応が難しいですが、締め切りが3日伸びるなら大丈夫です」などと伝えてみてはいかがでしょうか**。

No.
66

Q

クライアントや上司に質問ができず、トラブルを起こしてしまいます……。

A

定期的に進捗《しんちょく》報告をしましょう！

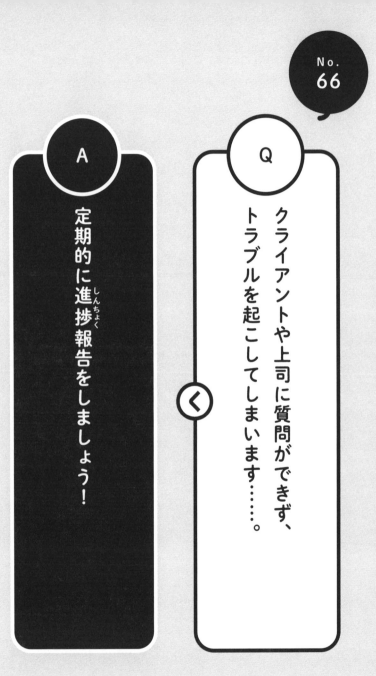

私はクライアントや仕事仲間に対して、相手の時間を奪ってしまうのが怖くて、なかなか質問ができません。「私の質問で時間を取らせてしまって申し訳ない……」「こんなこともわからないのか、と失望されたくない……」と思ってしまうのです。ところが、質問をしないことで間違った方向に仕事を進めてしまい、多大なる迷惑をかけてしまうことがあります。

この問題の解決方法を同僚に相談したところ「とりあえず作業に着手して、定期的に進捗報告を送ってみたら？」と言われました。そうすれば、作業の方向性が間違っているときはストップをかけてもらえるし、進捗報告をすることで「きちんと進めてくれているんだな」と安心してもらえるからです。さらに、進捗報告と合わせてさりげなく質問を書いておけば、進捗確認と同時に回答してもらえます。

定期的な報告が苦手な方は「毎週金曜午後3時にその週の作業を報告する」など、**報告するタイミングを決めて、スケジューラーに入れておきましょう**。アラームをかけるのも忘れずに！

No.
67

Q

面倒な作業をあと回しにしてしまいます。
どうしたらすぐに取りかかれますか？

A

面倒だと思う原因をつきとめて、
工夫してみましょう。

会社で事務仕事をしていたとき「専用の用紙に契約書を印刷して、上司の印鑑をもらってからコピーをとり、原本をファイルに入れて顧客に送付する」といった少し面倒な仕事をよくあと回しにしていました。そのせいでクレームが入ったこともあります。上司にも散々怒られましたし、自分でも改善しようと努力しましたが、精神論では改善できず……。

そんなときは**作業の内容を分解して、負担を感じる作業を抽出します**。そして**その作業を人に頼むか、便利なツールなどに頼るとよい**でしょう。

私が契約書を送付することが苦手なのは「プリンターまで歩いて行くこと」と「郵送物の重さをはかって切手を貼ること」に起因していたと思います。

そこで今はプリンターを仕事机の近くに設置し、郵送物はすべてレターパックで送ることで事務仕事をなるべくラクにしています。

会社員時代も後輩や事務のアシスタントの方に、「郵送を手伝ってもらう」といったやり方もあったと思います。

無理に自分ひとりで解決せず、人やツールに頼ることが大切です。**根性論では解決できません！**

No.
68

Q

書類の誤字脱字が多いものの、自分で発見できません……。

A

他人にみてもらったり、時間をおいてから見直したりしましょう。

私は事務職時代もライターになってからも、誤字脱字が多い上にそれを発見することが苦手です。自分でもそれをわかっているため、なんとか誤字脱字を探そうとツールを使ったり、読み上げたりと試行錯誤をくり返しました。こうした**ケアレスミスが積み重なると、信頼を失ってしまうことがある**からです。

その結果、たどり着いた方法は「他人にみてもらう」です。報酬を支払って、誤字脱字をチェックしてもらうことにしました。

このほかにも次の方法を試しています。**最適な方法は人それぞれなので、トライアルアンドエラーで最適な方法を見つけましょう**。

・書いた文章は一晩寝かせて、翌日チェックする
・飲み物を飲む、食事をとるなど、ワンクッションを挟んでからチェックする
・タブレットやスマホなど端末を変えたり、印刷したりしてチェックする

No. 69

Q

打ち合わせや商談などでつい忘れ物をしてしまいます。名刺を渡せないなんてことも……。

A

仕事で使うものはひとつのバッグやファイルにまとめておきましょう。

大事なときほど、忘れ物をしてしまうことはありませんか？　私もお財布や名刺入れなど、仕事に欠かせないものを忘れてしまうタイプです。

長年の忘れ物対策の結果、生き残った対策法がこちらです。

・名刺やボールペンなど忘れたりなくしたりしやすいものは、複数の場所に入れておく（名刺なら手帳や名刺入れ、財布やカバンのポケットに入れておくなど）
・商談や会議で毎回使うものは、常にカバンに入れておいて出し入れしない。オフィスでも同じものを使う場合は、オフィス用として別に用意する
・財布、鍵、スマホの3点セットは、移動するたびにそれぞれの頭文字を取って「サカス」と口に出してもっているかどうかを確認する
・イレギュラーなもち物がある場合は事前に「△△の資料をもって行く」と出発する10分前の時刻でスケジュールを登録しておく
・ドアにもち物を書いて貼り出しておく

まずは**全部試してみてから、自分に合った方法を選んでみてくださいね！**

No. 70

Q

仕事でメモをうまくとれず、とったメモの使い道もわかりません。

A

自分なりの方法でメモをとり、保管しておいたほうがいいものだけとっておきましょう。

仕事では「メモをとりましょう」と言われることもありますが、メモをとること自体が苦手だったり、メモをうまく活かせなかったりする人もいます。

メモの役割は短期記憶代わりのメモと、長期記憶代わりのメモの2つに分けられます。たとえば「今日の会議は午後2時に変更」といったメモは、**短期記憶のためのメモです。残しておく必要がないので、用がすんだら捨てます。**一方で「A案件の進行管理のやり方」は**長期記憶のためのメモ**です。このメモは**捨てずに残しておきましょう。**

メモは気になったことをなんでも書いてOKです。

手書きやスマホでメモをとる場合は、複数のツールは使わず、統一するようにしましょう。スマホのメモ帳には検索機能がついているので探しやすくて便利ですよ。

または録音や録画、撮影などで記録してみるのも手です。この場合は「お気に入り登録」や「タグ付け」などで探しやすくしておくと、困ったときにすぐに見つかります。ジャンル別にフォルダを分けるなどのルールを設けると、かえって守りにくくなるので、最低限のルールで運用しましょう。

No. 71

Q

優先順位がつけられず、目の前の仕事を優先してしまいます……。

A

期限と重要度を明確にすると優先順位がつけられます！

複数の仕事を同時に依頼されると、どれから手をつけたらいいのか迷い、結果的に簡単なものから着手してしまうことがあります。

まずは優先順位が一目瞭然になるように仕事と締め切り日を書き出し、「どれからやるべきか」と番号をつけてみましょう。

もし、優先度はわかるのに優先順位通りに仕事を進められない場合は、気が散らないように工夫をします。ほかの仕事がどうしても気になってしまうときは、まずその仕事を片付けてから重要かつ緊急度が高い仕事に取り組んでもよいでしょう。

大切なのは、重要かつ緊急な仕事に着手する時間を決めておくことです。そしてその時間になったら絶対に着手するようにしましょう。**時間を守ることが難しい際は、時間の経過がわかりやすい「視覚タイマー」を使うとよい**ですよ。

それでもほかの仕事をやってしまう場合は、ブックバンドでその重要かつ緊急な仕事の資料を手に固定して、もち歩くようにしましょう。否が応でも仕事に着手できます。ほかにも席が近い同僚や上司に「この仕事を終わらせます！」などと宣言してもよいですよ。なんとかして、優先順位の高い仕事を終わらせるようにしましょう。

No.
72

Q

人と話したり飲み会などに参加したりするのが好きなのに、終わったら疲れてしまいます。

A

過剰適応かもしれません。
翌日は「体力回復デー」として休みましょう。

私は人に会うことも、人が集まる場所も好きです。飲み会やランチ会には積極的に参加したいと思っています。ところが参加するとどっと疲れてしまい、翌日はなにもできなくなってしまいます。

仕事柄人に会うことが多いので、ひんぱんに疲れ果ててしまうのは困りもの。そこで病院の先生に相談をしたら「過剰適応では？」と言われました。**過剰適応とは人に合わせすぎてしまい、結果として身体に不調が表れてしまうこと**だそう。たしかに仕事や子どもの学校関連の人間関係を良好にしたいと考えすぎて、本当は苦手なのに無理をしすぎているのかもしれません。

先生のアドバイスに従って**「本心から行きたい会、参加する必要がある集まりだけに行き、翌日はゆっくり過ごすこと」を徹底したら、心身ともにラクになりました。**「癒やしの時間を作ってもよいですよ」とおっしゃっていただいたので、好きな本を読んでおいしいコーヒーを飲みながらソファでごろごろするようになったら、少しずつ元気になっていきました。

No.
73

Q

飲み会や会食が苦手ですが、断れません……。

A

断る理由を自分以外のせいにしましょう！

最近はリモートワークが増えたため、飲み会や会食が減っています。とはいえ、ゼロではありませんし、オンライン飲み会に誘われることもあります。

私の友人は飲み会や会食に参加すると疲れてしまうため、できるだけ参加したくないそうです。しかし、相手に気を遣いすぎて断れないのが悩みのようでした。

一方、同僚はすっぱりと断っています。そこで彼女の様子を観察してみたところ、**断る理由をいつも「自分以外の誰かのせい」にしていたんです**。

「夫にダメって言われちゃって……すみません！」
「その日は義母がくるので、家を空けられないんです」
「その日は子どもの習い事の送迎があるので、また今後参加させてください！」

このような理由なら、断っても角が立ちません。それに**気が進まない誘いは断るようにすると、付き合いやすい人が周りに増えていく**でしょう。「乗り気がしない集まりは断ってよし！」と自分に言い聞かせて、無理なく断れると、もっと気がラクになるはずですよ。私の友人もこの方法を伝えてからは、うまく断れているようです。

No. 74

Q

気力によって接し方が変わるため、
誤解されてしまいます。

A

普段から70%ぐらいのパワーで接しましょう。

人間関係において、がんばれば人並み以上にフレンドリーにできるけれど、がんばれないときは別人のように抜け殻になってしまう人はいませんか？　もちろん、発達障害のない人でも同じようなことが起こるとは思いますが、気持ちのコントロールが難しい人ほど、悩んでいるような気がします。

私も「元気なときはにこやかに雑談ができるのに、疲れているときは会釈がやっと」といった様子です。

このようにそのときの状態によって態度が変わりやすいと、抜け殻状態のときに会った人は「無愛想な人だな」と感じてしまいます。そして、元気な状態で他人と話している状態をみてしまうと「私と話すときはあんなに無愛想なのに！」と腹を立ててしまうのです。

この誤解を生まないためには、**調子がよいときでも100%の力を発揮せずに70%程度の力で人と接する**ことです。そして調子が悪いとき、元気がでないときは「今日ちょっと調子が悪くて」と伝えておきましょう。がんばりすぎは禁物です！

No.
75

Q

夜、早く寝るようにしているのに日中居眠りをしてしまい、上司から叱られます。

A

ランチを工夫しましょう。

ＡＤＨＤの特性があると「夜はしっかり寝ているのに、お昼過ぎになると眠ってしまい上司に怒られる」という人がいます。本人はいたって真面目に仕事に取り組んでいるのですが、どうしても眠くなってしまうのです。

どうやら**人によっては、血糖値の上がり下がりに敏感で、**昼食の内容によっては**睡眠時間が足りていても眠くなりやすい**とのこと。

この対策としては、朝食や昼食の主食を**「ＧＩ値（食後血糖値の上昇度を示す指数）」が低い食品を食べるようにすると、眠気を感じにくくなります。**

たとえば、そばやパスタ、玄米、野菜や果物はＧＩ値が低くおすすめです。逆に白米やパン、じゃがいもなどはＧＩ値が高いため、食べる時間帯には注意が必要です。

食事後に眠気を感じてしまう人は、食事の内容を見直してみましょう！

No.
76

Q

漫画やゲーム、SNSなどに熱中し徹夜……。
翌日、仕事に行くのがつらいです。

A

熱中しそうなものを隠して、
見えないようにしましょう！

私は漫画や本を読み始めたら止まりませんし、ゲームを始めると時間を忘れて没頭してしまいます。スマホもだらだらと見続けてしまい、時間の浪費が止まりません。挙げ句の果てに徹夜をしてしまうことも。すると翌日の仕事にも影響してしまいます。困り果てていた私が取り組んだ対策がこちらです。

・本棚にカーテンをつけて本や漫画を隠す
・ゲームはバッテリーやコントローラーをすぐに出せない場所に片付けておく
・午後9時以降はスマホを使えないようにロックできるケースに入れておく
・スマホやゲームを家族に預ける
・スマホを放置すると魚や木が育つようなアプリをインストールする

ADHDの方は、好きなものが見えてしまうと衝動的に行動しやすいため、目に入らないようにすることが大切です。その特性を踏まえて、隠すように工夫しました。すると効果てきめん！　とくに漫画や本に没頭する頻度が大幅に減って夜ふかしも激減。日中に高いパフォーマンスを発揮できるようになりました！

No.
77

Q

職場に寝グセがついたまま、
シャツがシワだらけのまま行ってしまいます。

A

チェックリストを鏡に貼って
身だしなみを整えましょう！

私は自分の身なりにまで配慮できずに、シワだらけのシャツで外出したり、髪型が整っていなかったりと恥ずかしい状態になりがちです。学生時代はそれでもよかったのですが、社会に出たり子どもが生まれたりしてからは、このままではいけないと一念発起。身なりに気を配るようになりました。

とはいえ、注意散漫な私はきちんとできていない部分をうっかり見逃してしまいます。そこで**実践しているのが「鏡にチェックリストを貼っておくこと」です**。

【身だしなみチェックリスト】
・顔を洗う　・襟をチェックする
・髪を整える　・服のシワをチェックする
・メイクをする　・眼鏡をきれいにする

さらに服がシワになることを防ぐために、「シワになりにくい服」を率先して買うことにしています。アパレルショップで「シワになりにくい服を探しています」と伝えれば店員さんが、一緒に探してくれますよ。

No.
78

Q

季節の変わり目は着る服がわからず、すぐに風邪を引いてしまい、仕事に影響が出ます……。

A

おすすめの服装を提案してくれる天気予報アプリを使ってみましょう。

季節の変わり目は、朝晩と日中との気温差が激しいですよね。昨日は暖かかったのに今日は凍えるような寒さなど、日々温度が変わります。

またいつまでも前の季節の服装を着続けたり、衣替えをしたものの早すぎたりと、うまく対応できず体調を崩しやすくなります。自分で気をつけようと思っても、仕事や家事などに集中していると、服装のことまで気が回りません。

ただ風邪を引いてしまうと、仕事にも影響が出てしまうため、避けたいものです。

そこで活用しているのがその日の気温・天気に合った服装を提案してくれる天気予報アプリです。この**アプリを使えば、自分で考えることなく適した服装を選べます**。私は毎日アプリをチェックして、自分だけでなく子どもの服装まで改善できるようになりました！

ちなみにこのアプリを使うようになったことで、傘をもたずに出かけて雨に降られる頻度も減りました。これまでは雨に濡れて風邪を引いていたので、より健康的になった気がします。

No.
79

Q

音や光、触覚が過敏で仕事に集中できません。

A

イヤホンを装着したり、刺激が少ない服装にしたりしましょう。

発達に偏りをもつ方は、聴覚や視覚、触覚に感覚過敏が伴うことがあります。私は換気扇の音と、カバーがついていない蛍光灯の光、洋服の縫い目とタグの刺激に弱いタイプです。このほかにも、人混みや子どもの声が苦手な人もいます。

そのような方々は**感覚過敏を和らげるアイテムを使うのがおすすめです**。たとえば、「耳栓」「ノイズキャンセラのイヤホンやヘッドホン」「アイマスク」「聴覚過敏用のイヤーマフ」があります。感覚過敏で仕事に集中できない方も職場で使用可能か相談してみましょう。

これらを使った上で自分にあったリラックス法を併用してみると、さらに感覚過敏が和らぐでしょう。アロマやマッサージ、心地よい音楽などがおすすめです。

また自宅では、苦手な音や光の発生源を絶つことも大切です。換気扇が苦手なら換気扇の使用は必要最低限にする、まぶしい光が苦手なら間接照明を増やして天井照明を減らす、などの解決策が有効です。締めつけが強い衣服を選ばないことや、タグを切り落とすことで皮膚への刺激も軽減できます。化学繊維が苦手な方は、肌に触れるインナーは絹や綿を選んでみましょう。

No.
80

Q

遅刻を防止するために30分前行動を徹底しています。ただそのせいで、時間が足りず仕事が終わりません……。

A

待機時間用の仕事をもち歩きましょう！

私は電車の乗り間違えや迷子といったアクシデントによって遅刻しやすいので、いつも目的地に30分前に到着するようにしています。すると複数のアポイントがある日は移動時間と待ち時間ばかりになってしまい、仕事が捗りません。

もう少し効率よく業務を進められないかと思っていたところ、仕事仲間は待機時間にも仕事をしていることに気づきました。それをマネして、**メールの返信やスケジュールの調整、経理業務といったシンプルな作業をもち歩いてみたところ、仕事の時間が捻出できるようになりました**。

そのほかにも、30分前行動ではなく15分前行動に変えるという手もあります。たしかに30分である必要はないですよね。

慣れている場所や道に迷う心配がなさそうな所であれば、15分前を目安に行動するよう心がけています。

No. 81

Q

寝食を忘れるほど仕事に集中することもあれば、全く集中できないときもあるのですが、常に深く集中する方法はありますか？

A

集中力を発揮するトリガーを把握しましょう！

発達に偏りがある方は**「過集中」**と呼ばれる**深く集中できる状態**に入ることがあります。私も食べることを忘れて低血糖になるほどの過集中になることがあるのですが、過集中になるタイミングをコントロールできないことが悩みです。過集中に入れないときは、スマホを見たり、ぼんやりしたりしてしまいます。

どうしたら好きなときに過集中になれるのでしょうか？　いろいろと調べてみたところ「過集中になるトリガー（きっかけ）を考えてみる」のがポイントだそうです。たとえば、次のようなトリガーで過集中に入る方が多いようです。

・特定の時間帯や場所
・締め切り直前
・気が散らない環境

私の場合は、締め切り直前の深夜に過集中になることがわかりました。厳密にいうと、ただの深夜ではなく「深夜のような静かな環境」がトリガーだと気づきました。おかげで過集中に入れることが増えて、助かっています。

No.
82

Q

過集中が続いていると、突然電池が切れたように動けなくなるのですが病気ですか？

A

身体の疲れに気づいていない状態です。意識的に休憩しましょう！

過集中を上手に活用できるようになった私は、ひんぱんに過集中に入って仕事を進めていました。ところがパソコンに向かったまま、突然動けなくなる事態に陥るようになったんです。
「まさか病気では……？」と思って調べたところ、過集中を続けすぎたのが原因のようでした。定期的に休む必要があるにもかかわらず働き続けたのが、よくなかったようです。

こうして動けなくなると、そのあとは仕事ができず困ってしまいます。そこでゲームのボス戦の前にセーブするように、**仕事でも意識的に休憩時間を設けるようにしました**。休憩中はお風呂に入ったりコーヒーを淹《い》れたりといった、仕事以外のことに集中してみると、さらに休みやすくなる気がします。

ちなみに、**休憩後にすばやく仕事に戻るために「中途半端なところで仕事を切り上げること」を心がけています**。そうすることで少し時間はかかるものの、再び過集中に入れるようになりました。今後も過集中とうまく付き合っていきたいです。

No.
83

Q

休みをとれず、いつも疲れているのですが、元気になる方法はありますか?

A

ストレスの少ない仕事のみを行う日を作ってみましょう。

私はシングルマザーかつ自営業のため、安定した生活を守るためについ仕事を優先し、なかなか思うように休みをとれません。そのせいか1年中疲れがとれず、常に身体が重い状態が続いていました。

あるとき、信頼できる人に相談すると「休みがとりづらいなら働く時間を短くするか、ストレスのかからない仕事を適度に挟むのはどうか」と言われました。

そこで、「負担の少ない作業だけをやる日を作る」ことにしてみました。1週間に1回、2週間に1回など状況に応じてその日を挟んでみたところ、疲労は軽減！　スッキリと目覚められる日が増えました。

ただし、その日の仕事内容をコントロールできない職業もあります。そんなときは、**信頼できる同僚に「最近、体調が優れなくて……」と正直に話しておくのもよいでしょう。もしかしたら仕事を一部交代してくれるかもしれません。**

それでも本当につらいと思ったら、休暇を申請してゆっくり休んだほうがよいと思います。

No. 84

Q

転職などで環境が変化すると体調を崩します。

A

可能な限り、ガラッと環境を変えないように配慮しましょう。

ＡＤＨＤの友人は、転職などの大きな環境の変化があると体調を崩したり、ひどく落ち込んだりしています。同じようになってしまう方もいるのではないでしょうか。

そのような人は、環境の変化をなるべく小さくすることが大切です。

魚を飼ったことがある方は知っていると思いますが、金魚やメダカの水槽の水を替えるときは、半分ずつ水を入れ替えます。そうしないと、金魚やメダカが新しい水に対応できないからです。

人間も同様に、**転職と引っ越しなどの大イベントは重ならないようにするのが大前提**。どうしても重なる場合は、退職日から次の会社の入社日まで期間を空けたり、先に引っ越しをして環境に慣れてから次の職場に入社したりしましょう。また、環境の変化による心身の不調を見越して、数日間の休日を確保しておいてもよいですね。

ちなみに、私は引っ越しが好きなのですが、引っ越し前後の手続きはもちろん苦手です。だから、引っ越しに関する手続きをまとめて行ってくれる「引っ越しワンストップサービス」を愛用しています。

No.
85

Q

すぐに会社を辞めたくなってしまいます。同じ職場で長く働くにはどうすればよいですか?

A

自分に合った職業を選びましょう!

ＡＤＨＤやＡＳＤの特性をもっている人は、転職をくり返してしまう場合があります。私の妹がこのタイプで短くて1年、長くても3年で「仕事を辞めたくてたまらない衝動」にかられて退職してしまうそうです。

妹が転職する原因はほとんど人間関係です。職場の人間関係に疲れてしまったり、ちょっとした嫌がらせを受けたりといったものばかり。どうやら「仕事で迷惑をかけるせいで、職場の人間関係が悪くなる」ようです。

そこで解決策を考えたところ、そもそも向いていない仕事を選んでいるのでは？という考えに至りました。妹は希望する職種ではなく、「雇ってもらえる職種」を選んでいたんです。だから自分には向いていない仕事が多く、周囲に迷惑をかけてしまいやすいのだと思います。

すぐに転職してしまう人は、仕事を選ぶ際に「自分に向いているか」「自分のよさを活かせるか」を確認しましょう。また「次の仕事が決まってから辞める」といつもよりも長めに働けます。

自分に向いている仕事かどうかを判断するためには、情報収集と自己分析が重要です。まずは得意なことはなにかと考えてみましょう！

column

怒りを爆発させてしまうときは……

発達障害の特性をもっている方の中には、怒りに依存しやすい方もいらっしゃいます。時に自分の力をコントロールできずに配偶者やパートナー、家族に暴力を振るってしまうこともあるでしょう。

どんな理由があるにしろ、暴力は絶対に避けなければなりません。一度でも暴力を振るったことがある方は、怒りを感じた瞬間にクールダウンできる場所に移動しましょう。家族やパートナーに暴力を振るってしまうのであれば、日頃から「私が怒ったらすぐに安全な場所へ逃げて」と伝えておいてもよいですね。ちなみに私は怒りや悲しみを爆発させたくなったときは、頭の中に妹や友だち、昔の上司や芸能人などの第三者を登場させます。そして「今の状況をこの人が見たらどう思うんだろう。なんて言われるかな」と考えるのです。するとスッと気持ちが落ち着いて冷静さを取り戻せます。この 10 年はマツコ・デラックスさんが頻出です。マツコさんに「ちょっとあんたなに考えてんのよ～」と言われると心が落ち着きます！

こういった方法でも難しい方は医療機関で適切な治療やカウンセリングを検討してみるとよいでしょう。

Chapter 3

発達障害の人とかかわる人が知っておきたいこと

発達障害の人とかかわるすべての人へ

発達障害のある方やグレーゾーンの方は、日頃から「周りの人からどう見られているのか」が気になるかもしれません。私も人の顔色がつい気になってしまいます。

その一方で、周囲にいる家族や友人、職場の仲間なども「困っていることや悩みごとを、正直に打ち明けていいのかな……」と思ってはいないでしょうか。

この章では、当事者の「周りの人」に焦点を当てています。そして、よくあるリアルな悩みに対して、産業医の森先生にその解決策を紹介してもらいました。

お互いがより理解し合えば、同じ空間でもっともっと楽しく過ごせるようになるはず。ぜひ周囲にいる方と一緒に読んでみてください。

case
01

あるパパのお悩み

「妻がスケジュールを覚えてくれない……」

どのようにサポートすべき？

私の妻は、なにかと忘れっぽいところがあります。

この前、平日に子どもが病院を受診する予定があったのですが、妻はそれを忘れてパートのシフトを入れてしまい、私が仕事を調整して病院に行きました。妻のスケジュール管理をどのようにサポートしたらいいのでしょうか？

まずは声かけをしましょう！

共働き家庭では、お互いが協力して仕事と家庭を両立する必要がありますよね。一方が予定を忘れてしまうと、もう一方にシワ寄せがいってしまうのは、よくあるケースかもしれません。

まず旦那さんから奥さんに聞いてほしいのは、「最近忙しい？」「家族の予定が重荷になっていない？」ということです。なぜなら、奥さんの特性上、周囲に喜んでほしくて安請け合いしてしまうことがあるからです。

もしかしたら奥さんは、すでに仕事や日常生活で手一杯で、家族の予定まで頭が回らない状態かもしれません。もし旦那さんも同じ状況であれば、どうしたら家庭をうまく回せるのか、お互い腹を割って話したほうがよいでしょう。

一方で「ごめん、ただ忘れちゃうだけなんだ」という回答であれば、**「妻は忘れや**

すいんだ」ということを前提に、奥さんが適切なタイミングで必要事項を思い出せるようなしくみ作りをするのがおすすめです。

たとえば、次のような方法で、スケジュールをわかりやすく可視化できるようにします。

・家族で共有したいスケジュールを、リビングや冷蔵庫などに貼っておく。重要な予定はふせんやマーカーで目立たせる
・仕事用のスケジュール帳に、家庭の用事も書いてもらう。そして書いたことも確認する
・スマホのアプリなどを使い、適切なタイミングでリマインドが送られるようにする

このように奥さんの状況を確認するとともに、お互い負担の少ないスケジュール管理方法を編み出してみてはいかがでしょうか。

case

02

あるママのお悩み

「夫がルーズすぎて困る！」

なにから解決すべき？

私の夫はとてもルーズです。家族で出かける前に急に調べものを始めて、そのあとの予定が1時間以上ずれてしまったり、子どもをお風呂に入れる時間になっても、子どもと一緒にテレビを見ていたり……。

小さなことが積み重なってガミガミ怒ってしまい、私も自己嫌悪に陥ってしまいます。まずどこから解決したらいいのでしょうか？

巻き込む程度を決めましょう！

「マイペース」の範疇《はんちゅう》を超えて家族に迷惑がかかってしまう。この旦那さんには「目の前のことに夢中になってしまう」という特性があると考えられます。となると、旦那さんの行動のクセはすぐに変わらないかもしれません。つい目の前のものに釘付けになってしまうんです。だから「大人なんだから、時間を忘れてテレビを見ないでよ」と思っていると、奥さん自身がつらくなってしまうかもしれません。

では、どうやって折り合いをつけていけばいいのでしょうか。**考えるポイントは「旦那さんをどこまで巻き込むか」です。**

旦那さんが「家族のルールは守りたい」と考えているなら、旦那さんを巻き込んで小さなルール決めをします。

たとえば、次のようなルールが考えられます。

・テレビタイムは、子どもの宿題が終わってから1時間だけにする
・午後8時になったら子どもとお風呂に入る
・出かける1時間前にはテレビを消す

なるべくハードルを下げてルールを決め、旦那さんがクリアしやすいような内容にするのがおすすめです。

一方で、旦那さんが「ルールは守りたくない。自由でいたい」というなら思い切って別行動をする手もあります。

・外出時に夫がなかなか出かけない場合は、現地で合流する
・平日の家事や育児は妻が引き受け、土日だけ子どもの面倒をみてもらう

まずは旦那さんの気持ちを確認して、それに対して対策を立てるようにしてはどうでしょうか。

ただ、どちらの方法でも、あなたに多く負担がかかるのは事実です。だからこそ、無理をしないでほしいなと思います。無理をしていると、いつかポッキリと折れてしまうからです。

思い切って離れたほうが、お互いに過ごしやすくなるかもしれません。

無理をせず、広い選択肢の中から選んでみてください。

case
03

ある上司のお悩み

「在宅勤務で部下のミスが増えてしまった」

どうしたらいいでしょうか？

チームメンバーに時短勤務の女性がいるのですが、コロナ禍でリモートワークに移行したら、急に連絡が取りにくくなり、時間内に仕事が終わらなくなりました。

以前オフィスに出社していた際は、少しミスはあったもののきちんと仕事ができていました。顔の見えない状態で、どうサポートしたらいいでしょうか？

解決！

定期的に連絡・報告してもらいましょう！

社会変化によってリモートワークになった職場は少なくないと思います。そんな中で、自己管理の難しい方ほど「時間管理がうまくできず、仕事が遅れてしまう」「つい目の前の家事に夢中になって、仕事の連絡が滞ってしまう」といったトラブルが起きています。

この時短勤務の女性も自己管理が苦手で、目の前のなにかに夢中になってしまうのかもしれません。

まずは本人に、どうしたら仕事が進めやすいのかを聞いてみましょう。

おそらく「仕事の進捗をチェックしてほしい」「タスクの優先順位をわかりやすくしてほしい」といった要望が上がってくる可能性が高いです。その要望に対して可能な範囲で対応します。

たとえば、次のような対応がおすすめです。

・朝や昼の休憩後、夕方など、定期的に業務進捗を報告してもらう
・チャットを見たらすぐに返信してもらう
・連絡がない場合はこちらから電話を入れる

定期的に連絡・報告してもらうと、本人の中でタスクの優先順位が認識でき、予定通りに仕事を進められる可能性が高まります。

また、ほかの社員よりも負担を多くするわけにはいかないとは思いますが、定期的に出社を促して、共に仕事をするような体制を整えるのも一案です。

case
04

あるママ友のお悩み

「このまま頼られていていいのかな」

どこまでするべき？

小学校のママ友は明るくて話しやすい人。でもおっちょこちょいで、配られたプリントをすぐになくしたり、参観日のスケジュールを忘れてしまったりします。「ごめん！　明日提出するプリントをコピーさせて！」などと頼られるのはうれしいのですが、このまま頼られていて、本人のためになるんでしょうか……。

「できること」と「できないこと」をはっきりと相手に伝えよう！

発達障害の方やグレーゾーンの方の中には、自分と他人の境界線があいまいになってしまうタイプがいます。すると、一度手伝ってくれた人は「この人は助けてくれる人なんだ」と認識して、どこまでも頼ってしまう、なんてことが起きかねません。そして突然「もう助けられない」と拒否されると、パニック状態に陥ってしまうこともあります。

つい頼られてしまうママ友におすすめなのは**「できること」と「できないこと」をはっきりと相手に伝える**ことです。

もし伝える機会がなかったとしても、**自分の中で「ここまではやってあげるけれど、ここから先は断ろう」という線引きは明確にしておきましょう。**

たとえば、次のようなことを決めておきます。

・「午後9時以降の連絡は返信できないよ」と相手に伝える
・忙しくて対応できないときは「今日は忙しいからプリントを貸せないよ」と言う

無理して手伝ってしまうと、それが「当たり前」になってしまって、お互いのためにならない可能性があります。相手の成長の機会を奪っているかもしれません。

ほかには、先手を打って「懇親会は▲時からだよ。予定表はすぐ写真を撮っておくと、あとで探しやすいから試してみて！」など、管理の仕方もセットで教えてあげるのもよいでしょう。ただママ友の質問に答えるだけよりも質問の頻度が下がりますし、少しお説教めいた雰囲気になるので、ママ友から自然と頼ってこなくなるかもしれません。

ママ友はあくまで子ども関連の友人であり、会社の部下や家族とは関係性が異なります。**「できる範囲で助ける」程度の感覚でいると、お互いラク**ではないでしょうか。

case
05

両親のお悩み

「娘が『母の役割』を果たせていないのでは？」

なにかしてあげられないかしら？

娘は結婚して東京へ行き、働きながら子どもを育てています。でも小さい頃から要領が悪く、たびたび「仕事と育児との両立がうまくいかない」という連絡がくるので、母としての役割を果たせているのか不安です。
私たちは遠方にいるのですが、なにかサポートできることはありませんか？

解決！

話を聞いて精神的なサポートをしましょう

これまで育ててきたご両親だからこそ、困りごとを抱えていそうな娘さんをつい心配してしまいますよね。しかし、仕事と育児の両立にチャレンジしている時点で、すでにがんばっているはずです。両立できていなければ、育児ノイローゼやうつ病などで退職している可能性もあるからです。娘さんが苦手なことが多い中で、自分の特性を理解して生活している点を、まず認めてあげてはいかがでしょうか。

遠方にいて**物理的にサポートしにくいなら、精神的なサポート役になることをおすすめします**。娘さんの話を聞いてあげて、いざというときに助けられるよう、信頼関係を築くことを第一目標にしましょう。精神的・肉体的に限界がきたときに、いち早く気づける可能性も高まります。心理的に側に寄り添って見守ることは、実家の親族しかできないことかもしれません。

その上で「来週運動会だったよね！　がんばって」などと、重要な予定をさりげなくリマインドしたり、苦手な電話での手続きを代わってあげたりするならできると思います。

ただし、**先回りしてどんどん代わりにやってあげるのは控えましょう**。親子で自分と相手の境界が不明瞭になってしまうと、娘さんの自立が遅れてしまうかもしれないからです。

なにかがあったときに相談できる場として、適度な距離で見守ってあげてください。

case
06

あるパパのお悩み

「妻と実家との折り合いが悪い」

なにかいい手はありませんか？

妻は生活面で少しルーズな部分があり、私の実家に帰省した際も朝なかなか起きてこず、子どもの相手をせずにスマホでゲームばかりしています。

その様子を見かねて、私の母が「もう少し子どもの世話をしたら？」と言い、それ以降気まずいムードになってしまって、実家に帰りにくくなりました。

妻と実家との折り合いをつけるために、なにかいい伝え方はありませんか？

解決！

奥さんのよい部分やがんばっていることを伝えましょう！

実家での生活は、普段よりも気を遣うべき部分が多いと思います。とはいえ、なかなか普段の生活スタイルを変えるのが難しい人もいますよね。

この場合、旦那さんが奥さんをフォローするなら、**実家の両親に奥さんのポジティブな面を伝えるのがおすすめです**。たとえば、奥さんが普段さまざまな本を子どもに読み聞かせていることや、奥さんが仕事をがんばっていることなどを伝えてみてはどうでしょうか。

「日々がんばっている妻」という印象がつくと、もし目の前でスマホばかりみていたとしても、「お休みの日まで仕事の対応をしているのかな？」などと、よい誤解をされる可能性があります。これは心理学でいう「ハロー効果」です。

ところで、実家のお母様はなぜ奥さんに苦言を呈したのでしょうか。それはおそらく、自分の息子や孫に負担がかからないようにしたいと思ったからです。

この場合「妻の特性を理解してあげて」と、**奥さんへの理解を求めるのは逆効果**。それよりも「妻のおかげでいつも助かっている」「妻はいつもハードワークで本当に疲れているから、せめて休みの日だけは寝かせてあげて」と伝えるとよいでしょう。

「息子は奥さんのおかげで快適に暮らせている」と実家が思ってくれ、そして「夫は私をしっかりと守ってくれる」と奥さんが安心できれば、妻と実家の関係は改善するのではないでしょうか。

case 07

あるママのお悩み

「夫が発達障害みたい。病院に行くべき？」

どうしたらいいのでしょうか

私の夫は少し変わっていて、その行動の特徴から発達障害ではないかと疑っています。でも夫が発達障害だと認められたら、子どもにどんな影響があるのか非常に不安です。

このまま折り合いをつけながら生活していくべきなのか、きちんと通院してもらって診断を受けてもらうべきなのか……どうしたらよいでしょうか？

解決！

困っているかどうかで決めましょう！

病院を受診するかどうかの判断基準は、本人やあなたが「困っているかどうか」です。受診を先延ばしにすると、その困りごとがどんどん膨れ上がり「夫が会社に行けなくなって失業した」「自分が精神的に参ってしまい、離婚した」という結果に繋がる可能性もあります。今あなたが困っているのなら、早めに受診するとよいでしょう。

ただし発達障害と診断されるまでには、ある程度の時間を要します。しかし**受診する中で**、旦那さんの**特性をより正確に理解できる可能性もあります**。すると対策も立てやすくなり、結果として格段に生活しやすくなるかもしれません。

子どもへの影響や周囲からの視線が気になる場合は、受診したことや診断結果を伝える相手を限定すればよいと思います。発達障害と認められるかどうかを気にするよりも「今困っていることをどうしたら解決できるか？」に目を向けましょう。

case 08

あるママのお悩み

「夫が原因でカサンドラ症候群になりました」

どのように暮らしていけばいいでしょうか

私の夫はＡＳＤの気質があり、突然遠方への引っ越しを決めてしまったり、不機嫌なときに無視されたりします。

先日とうとう、私がカサンドラ症候群だと診断されてしまいました。

夫とこの先どのように暮らしていったらよいかわからず、離婚も頭をよぎります。どこから手をつけたらよいでしょうか？

まずは旦那さんの気持ちを確認してみましょう

カサンドラ症候群とは、パートナーや家族などがASDであり、その近くにいる人が心身の不調をきたす状態のことです。私は当事者の方と一緒にご来院されるご家族や、一緒に働いている方など、身近な人がカサンドラ症候群のような状況になっていないか、いつも気になっています。

パートナーがカサンドラ症候群になった場合でも、そのあと良好な関係を築くケースもあれば、結婚生活が破綻《はたん》するケースもあります。その分岐点は、**ASDの気質をもつパートナーが「歩み寄る気持ちがあるかどうか」**だと思います。

この場合、まず奥さんが旦那さんに対して「どうしても守ってほしいルール」を提示して、それを守れると約束できるまで、一時的に別居するなどの対策が取れます。口約束では信用できない場合、念書を書いてもらうのもよいでしょう。また、夫婦でカップルカウンセリングを受け、旦那さんに考える機会をもってもらうのも有効な手段です。

そしてあなたがどんなに歩み寄っても、相手が遠くにいるままであれば、離婚も選択肢に入るでしょう。それはあなたの努力不足ではありません。

こうしたやりとりの中で、あなたの体調がさらに悪化する可能性もありますので、体調と相談しながら無理のない範囲で、行動してみてください。

1人ひとりの幸せのために

人は皆、ある程度の違いを抱えていて、その違いを楽しみながら共存するから、毎日が彩り豊かになるんだと考えています。

その一方で、なかなか折り合いがつかないことも事実です。つらいことや苦しいなって思うことも。

しかしひとりで生きるのではなく、パートナーや子どもと生活する道を選んだのであれば、毎日少しずつ歩み寄りながら、お互いが快適に暮らせる道を模索していけたらよいのではないでしょうか。

監修者より

何度だって失敗していいんです

森しほ

発達障害・グレーゾーンの方の中には、親子関係や人間関係に悩まれる方がとても多く、皆さんそれぞれに生きづらさを感じていらっしゃいます。また、ご自身のお子さんにも似た特性が出ていることも少なくないため、子育て中に発生する問題はさらに複雑となり、何重にも苦しむことがあるかと思います。

そんな中で、根が真面目なうっかりさんが陥りがちなのが、自分を責めてしまうこと。しかし子育ては、子どもとの相互コミュニケーションです。子どもが生きる力を身につけることが最終目標です。

子どもに「お母さんはお弁当によく冷凍食品を使っていたな」や、「お母さんはよく大事なものをなくしていたな……」と思われたら嫌だと考えていませんか？

でも、ちょっと考えてみてください。もしもあなたのお子さんが大人になったとき、育児中にいっぱいいっぱいになっていたら、あなたはどんなアドバイスをしますか？

「あなたはがんばっているよ」「もっと周囲の人を頼って」「便利なものを使いなさい」「失敗してもいいからどんどん試してみよう」と言ってあげると思いませんか？

とはいえ、失敗すると大変なこともありますよね。恥をかいたり、周囲の信用を失ったり、大きなトラブルになることもあるかもしれません。だからこそ、親が子どもの目の前で失敗を見せてあげる必要があるのです。

イギリスの思想家であるトーマス・カーライルの言葉「経験は最良の教師である」は有名ですが、実はこう続きます。「しかし、授業料が高すぎる」と。

あなたが子どもの前で失敗してあげることは、「経験」の「授業料」を払ってあげるのと同じことです。子育てに仕事に、親が奮闘する姿をしっかりと見せましょう。

完璧である必要は全くありません。むしろ、うまくいかないで困っている姿や、解決に向かって試行錯誤する姿を見せることにこそ意味があります。子どもがいつかは大人としてひとり立ちする日のために、問題を解決しようと努力することの大切さを子どもに伝えることができたら、育児は大成功です。

本書が、発達障害・グレーゾーンの子育て中の方の気持ちを少しでもラクにできたら、監修者としてこれ以上の幸せはありません。

おわりに

発達障害の困りごとは人それぞれ。本書の対処法ですべての人の悩みが解決するとは限りません。でもこの本がきっかけで、自分に合った困りごとの対処法が見つけられたらなと思います。

発達障害の特性のすべてが私を悩ませるわけではありません。過集中のおかげで人よりもたくさんの原稿を書けることもあります。短時間で大量の企画を考えられることも私のもち味のひとつです。だから発達障害をネガティブなものだと決めつけて自分を否定しないように心がけています。

というのはきれいごとで、1年の半分以上を「どうして私ってこんなに先延ばしにしちゃうの！」「頭の中がうるさい！」と嘆きながら暮らしています。自己嫌悪に陥って、眠れなくなることだってあります。そんなときは、世界中の仲間たちに思いをはせるようにしています。

「悩んでいるのは私だけじゃない。そしてみんながんばって毎日生きている」
そう考えると不思議と元気が湧いてくるのです。皆さんも苦しくなったとき、自分に絶望したときは、世界中の仲間たちや、私の失敗を思い浮かべてみてください。少なくとも私は、ありとあらゆる失敗をしてきましたが、今のところ元気に生きています！

本書を執筆するにあたって、私は色々とやらかしてしまいました。編集さんからの電話に出られなかったり、いただいたメールの返信をあと回しにして心配をかけたり……。

締め切りもいつもギリギリで編集さんは胃を痛めたと思います。こんな私が出版することができたのは、ひとえに力を尽くしてくれた編集担当の松本さんと執筆をサポートしてくれた金指さん、解決法をたくさん出してくださった森先生のおかげです。この場を借りて深くお礼申し上げます。ありがとうございました。

綾瀬ゆうこ

著者　綾瀬ゆうこ（あやせ・ゆうこ）

ライター
1983 年生まれ。一般企業での事務職を経て現職。金融系書籍の執筆協力や各種インタビュー記事、Web コラムの執筆などを手掛ける。2 児のシングルマザー。発達障害（ADHD）の傾向があり、子どもは ASD と ADHD の特性をもつ。

監修　森しほ（もり・しほ）

産業医・公認心理師・美容皮膚科医
ゆうメンタルクリニック・ゆうスキンクリニックにて勤務。産業医として一般企業のケアも行っている。「ママの笑顔は子どもの幸せ」「子どもの笑顔はママの笑顔から」をモットーに、面談カウンセリングと表情がやわらかくなる眉間ボトックスの施術に尽力し、精神面と物理面から働くママの笑顔を支えている。

「困った」「やってしまった」がなくなる
発達障害ママの子育てハック

2023 年 3 月 7 日　第 1 刷発行

著　者　　綾瀬ゆうこ
監修者　　森しほ

発行者　　大山邦興
発行所　　株式会社 飛鳥新社
〒101-0003
東京都千代田区一ツ橋 2-4-3 光文恒産ビル
電話 03-3263-7770（営業）03-3263-7773（編集）
http://www.asukashinsha.co.jp

印刷・製本　　中央精版印刷株式会社

ISBN978-4-86410-945-1

編集担当　松本みなみ